闇に染まりし、闇を祓う

はやせやすひろ

サンマーク出版

闇に染まりし、闇を祓う

はやせやすひろ

装丁　轡田昭彦＋坪井朋子
装画　石黒亜矢子
　　　伊藤潤二
編集協力　こざきゆう
　　　株式会社ぷれす
編集　金子尚美（サンマーク出版）

目次

プロローグ――闇に染まりし、闇を祓う

さまざまな怪異に関する依頼がくる理由

「この人形が来てからおかしくなったんです」

「呪いの絵を引き取ってください」

「幼少期からおかしなことが続いている家を調べてほしいんです」


こんな依頼が僕の元には頻繁にくる。

まるで、オカルト専門の探偵……そのような職業があるとするならばだが――いや、なんでも屋と言い切った方がすっきりするのだろうか。

しかし、それは正確には仕事ではないことは、この本を僕〝はやせやすひろ〟のものと承知のうえで手に取ってくださった方には、説明の必要はないだろう。

ただし、書店での偶然の巡り合わせということもある。

僕が何者か知らないまま、この本と出合い――それは意味ある偶然か、もしくは不幸な遭遇なのかはさておき、レジに運んでくださった方に、自己紹介をさせていただこう。


僕はもともと、テレビ番組のＡＤから始まり、放送作家の養成所を経て放送作家になった。それが本業だった。昔から現場主義というか、取材や調査のために現地に足を運ぶことをモットーとしていた。

そうする中で〝何か〟に導かれていたのか、あるいはそういう流れを呼び込んでいたのか。養成所で知り合った相方・岸本誠と放送作家ユニット「都市ボーイズ」を結成。

さまざまな怪異や都市伝説を紹介することを軸に動画配信を開始し、おかげさまで僕らのYouTubeチャンネルは登録者数31万人に達している。なので、僕のことを放送作家よりも、ユーチューバーとして認識している方も多いだろう。

そしてもうひとつの僕の顔。それが「呪物コレクター」だ。

呪物とは、呪術において超自然的な力を発揮する能力を秘め、人の禍福を左右するもの、霊力のあるものというところだろうか。呪物の展示イベントなどに協力していることもあり、そちらの面から僕を知ったという人もいらっしゃるだろう。

呪物なんてどこで手に入るのか、と疑問に思われることもある。

これはまたケース・バイ・ケースで、自分で買い求める場合もあれば、人から引き取りを頼まれる場合もある。冒頭の「呪いの絵を引き取ってください」は、そうした依頼のひとつだ。

ちいさな妖怪探訪

せっかくなので、対外的なプロフィールだけではなく、内面的な僕のことにも触れてみたい。

ここまでなんとなく感じられるかもしれないけど、僕は、怪異に興味がある。それは育った環境や青年時代までの体験に根があると思う――怪異が、生活に〝身近〟だったのだ。

具体的にその原点は何かというと、地元に伝わる妖怪伝承だ。

たとえば河童《かっぱ》。僕の出身地、岡山県津山市には、この妖怪にまつわる伝承や言い伝えが数多く残っている。毎年8月には、「津山納涼ごんご（河童）まつり」という10万人規模の観光客が集まる祭りもある。

また、天狗《てんぐ》。市内の天狗寺山《てんぐうぎさん》は、小学生が遠足で行くような身近な山だが、「あその山の木の麓には、天狗が出るから近づいてはいけない」など、やはり天狗の伝承をよく耳にしていた。

河童や天狗の空気に無自覚な影響を受けながら、一方でこれら怪異への関心を形づくらせたのはまちがいなく、水木しげる先生。『ゲゲゲの鬼太郎』や『河童の三平』の、あの妖怪漫画の大家だ。学校の図書室には必ず水木先生の作品が置いてあった。

それでもむさぼるように何度も読んだ。ハマるのは当然の成り行き。

水木先生からの影響はまだある。先生は怪異の現地に足を運ぶ。

僕もそれを見習った。子供だから、移動できる範囲は限られていたものの、「岡山のこの地区には、こんな怪異が伝わっている」と知れば、ひとりで自転車に乗ってその場所に行ってみることにしていた。

小学生のときには、河童や天狗に会うため、山ごもりまでしたことだってある。河童への土産にカレーやおにぎりを、天狗には日本酒を持って、山を登ったり、川を巡ったりを何度も繰り返した。

小学生だ、妖怪に対して畏怖の気持ちはもちろんあった。でも、昔から僕には〝怖い〟はあるけど、そのあとどうなるかという想像力が、欠けている。

そして——いつでも、好奇心が上回る。このシンプルな、僕を行動に駆り立てる動機は、いまも変わらない。

振り返ってみれば、こうしたちいさな妖怪探訪が、現在の僕のスタート地点だったかもしれない。

僕の『学校の怪談』

河童や天狗には遭遇できなかったけど、幼少期から、いくつかの霊的な体験もしている。その初めての心霊体験（と思われるもの）というのは、小学校低学年の、夏のことだ。僕の通っていた小学校では、夜に校庭でキャンプファイヤーをして、花火を打ち上げるというレクリエーションがあった。

当時、友達もいなかった僕だが、そういう場に行けば友達ができるかもしれない……そんな気持ちもあって参加することにした。

ところが、レクリエーションへの参加は強制ではなく、だから面倒だったのか、僕の同級生は女子くらいしか来ていなかった。

一方で、高学年のヤンキー集団がいたのだ。彼らは、僕に言った。

「こういうときくらいしか夜の学校には入れないんだから、肝試しでもやろうや」

怖かった。肝試しがではなく、ヤンキーのことが。

断れるはずもなく、校庭から校舎へ、ぞろぞろと向かうことになった。

校舎は本来、鍵がかかっていて入れないが、ヤンキーたちは日中の間に、数か所の鍵を開けておいたという。

だからチームに別れて、鍵の開いている入り口からそれぞれ入り、図書室で合流すると説明された。1チーム3人くらいに分けられたが、なぜか僕のチームはひとりだけ。

(ひとりじゃチームじゃないやんけ……)

そんなことを当時の僕が思ったかどうかは記憶はあいまいだけれど、僕は図工室の窓から入り、木造の螺旋《らせん》階段を上り、図書室を目指した。

図工室には胸像があり、通過する理科室には人体模型があり、夜の学校というシチュエーションも相まって怖い。早よ行かな……と、廊下をスーッと進む。すると、恐怖の山は自分の中であっさり越えていた。

(もう何も起こらんな。あとは螺旋階段を上ったら、図書室でゴールやん)

階段に一歩足をかけたとき、上から〝タンタンタンタンッ〟と、すごいスピードで駆け降りてくる足音がこだました。笑い声も聞こえてきた。

（あ、ヤンキーや。先に着いたんや。合流できる……）

安堵《あんど》したのは、その瞬間だけだった。

笑い声を上げて駆け降りてきたのは、僕と同級生くらいの、男の子。

彼が、手をふらふらとふらつかせて、だんだん僕に近づいてくる。

僕は驚きのあまり、腰を抜かしてその場にペタンと尻餅をついた。

ふと男の子の顔を見ると――。
真っ黒で、顔がなかった。

いや。それはあとで思い返せば、単に逆光で見えなかっただけかもしれない。怖かったことも加味して、単に僕の思い込みだったのかもしれない。

その男の子は走り降りながら、尻餅をついた僕の耳元に顔を近づけると、耳元でこうささやき、そのまま駆け抜けていった。

――またな。

僕は慌ててすぐに図工室から校舎の外に出て、児童や大人たちがキャンプファイヤーをしている校庭に向かった。

そこにヤンキーたちがいた。彼らは校舎に入っていなかったのだ。それどころか、僕が言われたとおり図工室から入ったことを話すと、

「嘘《うそ》つけ、肝試しはドッキリなのに。鍵なんか開けてねぇぞ」

と言う。そこでみなで確認に行った。事実、図工室はおろか、ほかのチームが入るという話だった校舎の入り口も鍵は閉まっていたのだ。

僕はこの体験で遭遇した男の子が、幽霊だったとは断定しない。でも、〝ハマってしまった〟のはこのときから。

この、いわゆる〝恐怖の体験〟に――。

それまで好きだった妖怪、それに当時流行《はや》っていた『学校の怪談』みたいな世界。

いうなれば、そんな〝怪談の主人公〟に、僕のような友達もいなく劣等生でも、なれるんだ……と。


「またな」とささやいた男の子とは、いまのところ再会はしていない。

だがそれが、怪異体験の蓋を開くきっかけだったかもしれない。

その後も、何度となく奇妙な出来事の当事者になっている。

闇に染まる「蠱毒」な体

そんな僕ではあるけど僕自身が霊的、超常的なことが原因で痛い目に遭ったという経験は、じつはほとんどない。

火元もないのに、家が火事になりかけたくらいだ。言ってもそれが大きかった出来事だろう。

なぜなのか？　何人もの霊能者に、同じように言われたことがある――僕にはいわゆる霊感、霊能力は、〝まったく〟ない。それどころか〝何もない〟。誰にでもいるとされる守護霊すらも、憑《つ》いていない。

霊は人に憑き、話を聞いてもらおうとするけど、僕は〝無〟なので、何も起こらない。むしろ霊にとってはメリットがない人間だそうだ。

また、別の霊能者には、何も見えない、とも。

それは〝無〟だからではなく、逆。死霊がたくさん憑きすぎて、**真っ黒になっているために、見えないというのだ。**

集めている呪物の呪いを体に取り込んでいるため、〝蠱毒《こどく》〟になっているとも言われたことがある。

これからも、さまざまな依頼や呪物の引き取りを通して、僕は闇に濃く深く染まっていくことだろう。

同時に、怪異の体験者や呪物の持ち主たちを染めていた闇は、だんだんと祓《はら》われていくのかもしれない。

これから、そんなエピソードを紹介していこう。

読むごとに、あなたの闇は祓われるだろうか。
それとも僕と一緒に、闇に染まっていくのだろうか。

本作品は、すべて実話ですが、
相談者の氏名、地域などすべて仮名として、
一部脚色してストーリー設定をしています。

1

取り憑かれた少年

僕が動きたくなってしまう怪異相談

多くの人は、悩みを抱えて生きている。

悩みのない人などいないのではないかというほどに。

人の数だけ悩みはある。悩みの根が深くてどうにもならないものもあれば、人に打ち明けることで解消されるものもある。

中には、超自然的で奇妙な——怪異のような悩みもある。


僕個人のSNSには、毎日十数件のDMが届く。

世間的な常識からはいささかズレのある〝クセの強い〟悩みの相談を受けることは、日常茶飯事だ。

その理由は、僕ら「都市ボーイズ」のチャンネルが怪異と向き合い、そして、霊能者をはじめとする多くの不思議な人々と接していることもあるからだろう。

僕は日課として、毎日届くそれら一通一通に目を通す。面白半分の相談ではなく、「この人は真剣に悩んでいる」と感じれば、もちろん返信もする。親しい人からは、「ふつう、そこまでしない」とあきれられる返信数になることだってある。

超自然的な悩みを抱え、動画で話をした人や神社仏閣を「紹介してほしい」という人も多い。これにも、僕は応じることがある。

ただし、本当に悩んでいることで、紹介した先に悩みを解消できる可能性がある場合だけだ。

基本的に、その前に僕が相談者に直接会って話を聞く。自ら〝動きたくなってしまう〟のだ。

――息子の様子がおかしいのです。話を聞いてくれませんか？

あの日、僕のＳＮＳアカウントに届いた、山本と名乗る女性からの悩み相談のＤＭも、僕が〝動きたくなる〟内容だった。

山本さんのＤＭを要約すると次のような内容だった。

体の中に入ってくる〝黒いモヤ〟

＊

山本さんには中学生のひとり息子・拓真くんがいる。

彼は、引きこもりだ。だが、いわゆる引きこもりとは、何かが違う。というのも、ふだんは優しくおだやかな子なのに、あるときを境に、急にカッとなって家の壁をボコボコに殴るなど、暴力的になった。

拓真くんが落ち着いているときに「いったいどうしたの？」と話を聞くと、

〝黒いモヤ〟が口の中に入ってくる、それがわかる、という。

入ってきたら、体の中で広がるように馴染《なじ》んでいく。

ある瞬間、意識がふっと飛んで、壁を殴りだしている。このときは自分の意識も記憶もあるけれど、ダメだと思っても、自分では暴力的な行動に抗《あらが》うことができないという。

そして、〝黒いモヤ〟はなぜか、拓真くんが〝自分の部屋から出たときだけ〟現れる。拓真くんは家族を傷つけないために、部屋から出ないことを決めた——。

＊

どうだろう。じつにおかしな話と思えないだろうか？

自ら、明確な意思をもって、部屋に引きこもる。

思春期のコントロールしきれない、飼い慣らせないモヤモヤした気持ちに起因するならば、そんなことはできないのではないか。

拓真くんが部屋から出ると変わってしまうのは、内容から考えれば〝黒いモヤ〟が原因といえそうだ。でも、それだけだと僕は断定もできない。

しかし、山本さんはなぜ僕に、このようなDMをくれたのか?
そこにはシンプルな理由があった。

自分の部屋では落ち着いている拓真くんだが、いつ、部屋の中で暴れだすようになるかもわからない。

山本さんは、まずは現状を維持することも大事だと、拓真くんと対話のコミュニケーションを取ろうとした。部屋から出てこない彼に、ドア越しに声をかけつづけた。ひとりで勉強をしているけどわからないことはないか、好きなものや興味があるものは何か、など。そんな会話の中で、拓真くんは、「都市ボーイズのYouTubeが好きでよく観《み》ている」ということを話してくれた。

山本さんは、僕らが怪異や都市伝説を扱うことを知り、〝これはいいかもしれない〟と思った。〝黒いモヤ〟を祓《はら》えるかなどは置いておいて、会って話してもらえたら、息子の気持ちも安らぐかもしれないし、解決の方に少しずつでも進んでいくんじゃないか――。

そこで、僕に「話を聞いてくれませんか?」と連絡をくれたのだった。

怪異の真剣な悩み、そして都市ボーイズのファン! 僕が足を運ぶための条件は、そろいすぎている。


お寺でも祓えない! そして伝染していく……


「それでしたら、僕、そちらまで行きますよ」

そう返信し、訪問する日を調整して、僕は山本さんと拓真くんに会いにやってきたが——予想外というか、呆気《あっけ》に取られた。

場所は港区。言わずと知れた富裕層が多いエリアだ。駅から徒歩数分の立地にある大きな一軒家が、山本家だった。

ああ、お金持ちやな、豪邸ってこういうのやな、すごいなぁ……そんなことを思いながら、チャイムを押すと、すぐに玄関のドアが開き、山本さんが出てきた。

はやせ　都市ボーイズのはやせです、こんにちは。
山本　お忙しいところありがとうございます。どうぞ、入ってください。

山本さんが憔悴《しょうすい》しきっているのは、すぐに見て取れた。

そうだ、DMにも書いてあったな、旦那さんは仕事が多忙で、ほとんど家にも帰ってこない、拓真くんにも、あまり関心がない、と。

山本さんは、たったひとりで悩み、大変な思いをされてきたのだろう。僕と目を合わせることもない。


リビングに通されると、なるほどなるほど。壁はボッコボコに穴だらけだ。

取り繕うように、穴を一応、パテのようなもので隠してはいるけれど、そういう部分は色がくっきりと違う。

逆に、拓真くんがどれだけ暴れていたのかが際立ってよくわかった。

はやせ　まずは、DMでいただいた内容を、改めて話として聞かせてもらえますか？ 助言とはいかないまでも、僕にも何かできたらと思います。

山本　ありがとうございます。

山本さんはうつむきながら、静かに語りだした。
僕は聞きながら、拓真くんのこの話は、なかなかに超常的だと再認識した。

山本　拓真は一度、お祓いを受けているんです。近隣のお寺に、相談をしたんです。そのお寺は、非行に走ってしまった子の更生のお手伝いをされています。拓真が暴れるのが、思春期にありがちな心の問題だったら正せる。また、もし物《もの》の怪《け》が憑《つ》いたことが原因なら、お祓いをしてくださる。私は拓真をそのお寺に預かってもらいたいと思いました。

はやせ　それで、拓真くんは？

山本　思春期の反抗的なことが原因なら、拓真は行かないと言うでしょう。ところが、「行くよ。行きたい」と言ったんです。

はやせ　自分から部屋にこもったのと同じ理由ですか？

山本　はい。このままなら、お母さんも家も傷つけてしまう。入り込む〝黒いモヤ〟を取り除くためにも、そのお寺へ行きたいんだって。

はやせ　やっぱり、お母さんも、拓真くんが何かに取り憑かれていると？

山本　はい。でも自分で言っていたにもかかわらず、お寺に行く日、やはり部屋から出ると暴れだして……迎えの車になんとか乗せて、お寺の方が連れていってくれました。

はやせ　残念ながら、解決にはつながらなかったんでしたね。

山本さんは、目を合わさないまま、深くうなずいた。

山本　数日後のことです。お寺の方が拓真を連れてきて、「うちではどうにもならなかった」と。拓真は眉間にしわを寄せて、自分の部屋へ入っていくと、ピシャリとドアを閉めてしまいました。

はやせ　お寺でも手の打ちようがなかった、と。そのあとの話に僕は興味をひかれました。これが精神的案件ではなく、怪異なのだと。DMでも書いていただきましたが、もう一度改めて聞かせてください。

山本　はい。お寺では、ほかにも問題を抱える数人のお子さんを預かっているのですが、拓真が来てから、ほかの子まで暴れっぽくなってしまいました。

はやせ　まるで伝染するかのように……。

山本　ええ。**ほかの子たちも、口から〝黒いモヤ〟が入ってきたと言うんです。**それ以外にも……お寺の中で、物が揺れだす、物が落ちる怪異まで続いたため、怖くなったのでこれ以上は何もできない、と。

〝騒々しい霊〟現象、ポルターガイストまで起きたというわけだ。

ただ、ひとつ余談的に加えておけば、ポルターガイストは精神的に不安定な思春期の子がいる場に起きやすいという話もある。でも、拓真くんの事例では〝黒いモヤ〟が鍵のようだ。軽々しく当てはめてはならないだろう。

山本さんへの再確認は終わった。いよいよ、拓真くんを訪ねる。

拓真くんとの対話

階段を上って2階の拓真くんが引きこもる部屋の前に立つ。

そして、扉をノックする。

はやせ　都市ボーイズのはやせといいます。YouTubeを観てくれているみたいで、ありがとうね。お母さんにDMをもらってここまで来ちゃったよ。

拓真　え〜、都市ボーイズさん！　うれしいなぁ。本当、観ているんですよ。毎日更新時間の20時が待ち遠しくて。お母さんともその話ばっかりしてます。

ドア越しに聞こえてくる拓真くんの声は、意外にも、普通の少年そのもの。直接顔を合わせてはいないものの、笑顔になっているのが伝わってくるほど声を弾ませていた。僕までうれしくなった。こんなにいい子が暴れるなんて、信じられないくらいだ。
まずはもう少し世間話をとっかかりに、拓真くんと打ち解けよう。
はやせ　都市ボーイズの動画って、数百はあるけど、どの回が好きとかある？
拓真　えっと……ネット系が好きだから、ウェブの怖いやつとか。
はやせ　ああ、「ダークウェブ徹底解説!!」の回？
拓真　そうそう。あと、都市ボーイズさんってちょっとエッチな話もするじゃないですか。僕はそういうところ行けないから……知らない世界で面白くって。
はやせ　「裏風俗店に現れた異常性癖紳士」とかやな。あれ、18禁のやつや。
拓真　超能力者系も好きです。催眠術の話とかは眉唾かなぁと思うんですけど……。
はやせ　あ～、「初体験！　催眠術にかかりにいったら大変なことになった!!」かぁ……って、ぜんぶ岸本の回！
拓真　一番のお気に入りは、岸本さんの「団地怪談」ですね。
僕は横に立っていた山本さんに目を向けて、ぼそっと言った。

はやせ　息子さん、完璧、岸本ファンですね……。

山本　そうみたいですね……すみません、そこまで話していなくて。

はやせ　お母さん……息子さん、何かに取り憑かれるのもわかります。岸本のファン、ダメ、変わった子だから（笑）。

まぁ、当時ＳＮＳでは、僕の単独か都市ボーイズ公式のアカウントしかなかった。岸本に直接の連絡は取れなかった。それに、負け惜しみというわけではないが、このような怪異的な内容なら、やはり岸本より僕っぽいと思う。だから、山本さんも僕に連絡をくれたのだろう。ね？

山本　じつは私も岸本さんのファンで……。

あんたもか〜い！

顔の穴という穴から侵入する

気を取り直して——拓真くんがおかしくなるときの状況を、本人の口から聞いてみる。まずは、どういう感情になっていくのか、だ。

拓真　それはある日突然始まったんです。自分の部屋からふっと出たら、〝黒いモヤ〟が僕に近づいてきました。そして、**顔の穴という穴……耳、口、鼻、目玉に煙が入ってくる**ようなイメージがあるんです。

はやせ　防ぎようがないんや⁉

拓真　はい。グーッと入ってくるんです。そして、体の中の隅々に、水が浸透していくように、馴染んでくるんです。こうなると、壁をゴツゴツと殴ってしまうようになる。やめたくて意識を集中しても、どんどん暴れていってしまう。

はやせ　でも、自分の部屋に戻ると……。

拓真　そう、なぜだか治るんです。目や口や耳から入ってきた〝黒いモヤ〟は、そこからではなく、全身の毛穴から、浮き輪の空気を抜くように、シューッと出ていくんです。はあ、よかったって安心するんだけど、僕がまた部屋を出てしまうと、入り込んできます。その繰り返しです。

はやせ　それは、なんなんやろ……。〝黒いモヤ〟は、拓真くんだけに見えているものなのかな？　それともお母さんやお父さんにも見えるの？

山本　私には見えません。

拓真　お母さんには見えないけれど、でもたしかに存在する。それが自分の中に入ってきて、感情がぐちゃぐちゃにされてしまう。いることはいる。そうとしか僕には言えません。そのモヤは、僕に入る前は、グーッとひとつに固まって、変な形になるんです。

なるほど。モヤが拓真くんに侵入して、実際に感情を揺さぶってくる。ほかの人には見えなくても、拓真くんには目に見える確固たる〝存在〟である、と。

それなら――。

はやせ　拓真くん目線で、物理的な、形のあるものだと見えるのなら……それは、どんな形なのかな。形があるなら、僕らに見えなくても、紙に描くとかできないかな？

形がわかることで、何かヒントをつかめるかもしれない。いまのままなら、わかっているのは〝黒いモヤ〟というだけで、僕までモヤモヤしっぱなしのままでしかない。いや、シャレではなく。

拓真　できます。描けます。

はやせ　！

拓真　僕、絵心はないからすぐにささっとは描けないかもしれないけど、少し時間さえもらえれば……。

はやせ　時間は気にしなくていい。これは謎を解明するための、大きな前進かもしれない。

僕はたたずまいや話し方から、淡々としているように見えるかもしれないし、実際、そういうところもある。

でも、このときは、結果がどう出るかわからないものの突破口が開かれたような気がして——心が高鳴っていた。

これは……見たことがあるぞ！

すぐに拓真くんに渡すための紙を探した。僕がすぐに取り出せたのは、御朱印帳だった。当時、御朱印集めにハマっていたこともあり持ち歩いていたのだ。

ありがたい御朱印を記録していく帳面に、けっしてありがたいとは思えない、〝黒いモヤ〟の姿を拓真くんに描いてもらおうとするのだ。なかなかの罰当たりかもしれないが、そんなこと関係ない。

僕は、知りたいのだ。〝黒いモヤ〟の正体を。

はやせ　拓真くん、部屋のドアを開けてもらってもいいかな。

拓真　わかった。

ガチャリと音をたて、扉が少しだけ開いた。隙間から、初めて拓真くんの顔を見ることができたのだが——普通だ。どこにでもいるような少年だ。

この子が部屋を一歩でも出ると暴れだす姿が、うまくイメージできなかった。

拓真　これに描くね。待っていて。

御朱印帳がスッと部屋の中に消えると、再びドアが閉められた。

それから1時間ほど待ったところ、ドアからノック音が響き渡った。

拓真　はやせさん、できたよ。

拓真くんの手から僕の元に戻ってきた御朱印帳には、阪神タイガースの「H」と「T」を組み合わせたあのマークのような……いや、**漢字の「王」を90度回転させた記号のようなものが描かれていた。両端の上部には目玉がついていた。**

これが、モヤが固まって変な形になった姿か。

あれ？　待てよ。これって、どこかで見たことがある。そうや、生き物というよりは、これは……。

はやせ　これは、〝ウンモ星人〟のマークだよねぇ？

拓真　何それ？　ウンモ星人っていうのがわからないんだけど。

僕は戸惑う拓真くんに、ドアの隙間からパソコンを使って教えてあげた――。

ウンモ星人とは、地球から約14・5光年離れたところにあるウンモ星の住人とされる。

1960年代にスペインのマドリッドを中心に、多くの人が、このウンモ星人からの手紙を受け取った。その数6700通ともいわれる。文面はきれいにタイピングされており、ウンモ星のことや、高レベルの哲学や心理学について綴《つづ》られていた。そして、いずれの手紙にも、「王」を横倒しにしたマークが押されていたのだ。

はやせ　ウンモ星人のUFOといわれる写真もあるんだけど、ほら。底面にも、同様のマークがついている。

拓真　ああ、似ていますね。本当にそれに近いです。

もちろん、ウンモ星人については、嘘《うそ》、捏造《ねつぞう》だった話があることも承知している。しかし、6700通もの膨大な手紙の数などから考えると、一概に虚構だったと断定もしがたい。そして拓真くんが実際、ウンモ星人を知らないのに、そのマークと似た図形を記した。

ひょっとして──**拓真くんに取り憑いている〝黒いモヤ〟の正体は、〝幽霊ではなく、ウンモ星人という宇宙人〟ちゃうん？**

もしそうだったのなら、それは――とても面白い。

それに、拓真くんと言葉を交わしたかぎり、すごくいい子なのが伝わってきた。どうしても助けたい。でも、それが真相だったとしても――宇宙人に取り憑かれるなんて、どうしたらええんや？

宇宙人が描いた絵馬がある神社

僕は記憶を巡らせた。幽霊を祓うなら、とくに霊に強い、霊を専門に扱うような寺や神社だ。もちろん、ツテのあるところも多い。

でも今回の場合、その「霊」にあたる部分が、「宇宙人」に変わっている。それなら……そうだ、宇宙人と縁の深い神社がいい。僕は、そんな神社を以前、取材したことがあることを思い出した。

はやせ　お母さん、僕「**宇宙人が描いた絵馬がある**」っていう神社を知っているんですよ。

山本　え？

はやせ　その神社には、宇宙人が地球の周りをグルグル飛んでいる絵が描かれ、「宇宙平和を願う」とか英語で書かれた絵馬があるんです。それが何枚も飾られている。それに、そこの神主さんは宇宙人を見たこともあるって言うんです。

山本　そこなら、なんとかなるかもしれない、と？

はやせ　祓えるかどうかはわからないけど、そこにまかせてみたら、何かできるかもしれない。ここからそう遠くもないですし、どうですか？

山本　そうですね。このまま手をこまねいているより、観光がてら、息子と行ってみます。

はやせ　それじゃあ、僕の方から神主さんに連絡入れておきますね。

山本家を辞し、僕はすぐに、宇宙人の絵馬がある神社へ連絡をした。
近々、そちらに宇宙人に取り憑かれているかもしれない少年が訪ねてくるから、と。

神主　はやせさん、何それ？

はやせ　普通のお寺でも祓えなかったんです。それは取り憑いているのが宇宙人らしいから。だから、もしよかったら、お祓いしてあげてください。

神主　宇宙人なんか祓ったことねぇよ。でも、まぁ、しかたねぇな……。

真実は意外なものかもしれない

山本さんから、僕のSNSアカウントに再びDMが届いた。

それによれば、僕が紹介した神社を訪ね、拓真くんはお祓いをしてもらった。その結果――〝すべて〟よくなった。

部屋から出ても暴れなくなっただけでなく、家からも出ることができるようになった。引きこもりは終わり、いまでは学校にも普通に通っている、と。

この報告を読んで僕は、助けたいと思った拓真くんのその後に安堵《あんど》し、同時に、

〝まさかの解決〟に、自分自身に悪態をついた。
「おいおい、そんなわけないだろう……」
一方の視点からでは真実は見えない。
僕はすぐに、宇宙人絵馬の神社に連絡を取った。

はやせ　先日はありがとうございました。山本さんからも無事に解決したと連絡をもらいまして、僕からもひとことお礼をと。

神主　ああ、よかった。宇宙人の祓い方なんかわかるわけがなかったんだけど、とりあえず宇宙のことを思い浮かべながら祝詞を唱えたよ。**祝詞の中に、「ウンモ」って言葉を入れておいたんだよ。**ちょこちょこっと。

はやせ　え？　そうなんですか。

神主　最初は男の子も暴れていたんだけど、途中から「気分がよくなった」って言いだして。まぁ、儀式をきっかけによくなる人っているから。祓える、祓えないとか一回置いておいて、それとは別に意識的に変わるから。

はやせ　それでよくなればいいかな、みたいなところですかね。

結局、この件は、自分の力というより、〝たまたま解決した〟といえるだろう。

相談者は岸本ファンなのに、僕がたまたまDMをもらった。ウンモ星人のことは、僕はUFO・宇宙人好きでもあったので、たまたま知っていた。神社巡りや取材にハマっていたので、たまたま宇宙人絵馬の神社のことも知っていた。

その神主さんが、たまたまいい具合に対応してくれて、拓真くんに取り憑いていたものが解けた。

この経験は、僕にとっても、とても勉強になるものとなった。それは、よく、心霊のせいにされていることでも、**その実態は霊ではなく、宇宙人かもしれない**、ということだ。ぜんぶがぜんぶ、妖怪、心霊のせいにしがちだけど、宇宙人説はあり得る。

たとえば、高層ビルの上階の窓外に立っている人影を見たといったとき、それは人ではあり得ない、ならば霊だと思いきや、宇宙人の可能性もあるのだ。

宇宙人がどんな状態で地球に存在しているかはわからない。もしかすると肉体をもっていない、魂だけの形で地球を訪れている者だって、いないとは断言できないではないか。

そういう存在が、なんらかの理由で肉体を拠《よ》り所《どころ》にするため、人に憑くみたいな説だって、あってもおかしくはないだろう。

この話の最後に、拓真くんの後日談を付け加えておこう。

山本家訪問から1年経つか経たないかくらいのころ、僕ら都市ボーイズのライブイベントに、母子で来てくれた。

ライブ終了後、2人が話しかけてくれた。目にも、もうすっかり元気な様子がうかがえた。

山本　その節はお世話になりました。

拓真　今日はとても楽しかったです。こうして外に出られるようになったし、お風呂にも入れるようになりました。

はやせ　お風呂に？

山本　拓真は部屋から出られなかったから。食事は部屋の前に運べば大丈夫でしたが、お風呂には入れなかったんです。

拓真　だから、濡れタオルで体を拭いていて。部屋から出られるようになったとき、久しぶりに風呂に入ったら、痛かった。

はやせ　へぇ。熱いじゃなく、痛いなんや。

拓真　ご飯も家族そろって食べられるから、美味《おい》しいし、学校も楽しいです。はやせさんのおかげです。

はやせ　本当によかったね。じゃあ、もう完全に〝はやせ派〟でしょ?

拓真　いや、まだ〝岸本派〟です。お母さんも。

なんや、この親子は！　サインを求められたので、雑にしてやったのはここだけの話だ。

2

呪いの神棚

人を呪わば穴ふたつ

お祓《はら》いができる人は、同様に〝人を呪うことができる〟――。

意外だろうか？　祓うこと、すなわち災厄を取り除くことと真逆の、祟《たた》りをもたらす呪いができるなんて。でも、真逆である以上、〝逆のことをする〟のだから、できて当たり前と思えなくもない。

僕はこれまで、数多くの神社や寺を回り、取材してきた。このことは、そこで得た知見だ。

ただし、必要あって呪う場合は、70％の力で行うという。

自分が呪いを自由にできる力、わずか30％くらいでも余力を残しておかなければ、呪いをコントロールできなくなる。結果、呪いをかける相手だけでなく、自分にも100％返ってきてしまう。かけた者も祟られてしまうようなのだ。

「人を呪わば穴ふたつ」

こんな言葉をご存じだろうか。人を呪う、陥れるようなことをすれば、自分も破滅しかねない報いを受けるという、因果応報のような意味だ。

この言葉は、平安時代の陰陽師《おんみょうじ》による呪殺に由来するという説がある。成功したとしても、呪い返しにあって命を落とすかもしれない、だから、自分の墓穴も用意させた。結果、呪殺相手の墓穴と合わせて、穴ふたつ、というわけだ。

この語源については、後付けのでたらめという説もある。でも、前述のように呪いを調整せず（調整できず）に発動させれば、100％返ってきて、本当に「穴ふたつ」の状態になる可能性がある。

語源としてはいい加減なものだったとしても、説明として当を得ているのではないか。

で。僕がこれから何を言いたいのかといえば――自分に呪いが跳ね返ってしまうとわかっても、それでも〝**呪ってでも殺したい**〟ほどの憎しみの感情を抱く者は、平安時代であろうが現代であろうが、時代など関係なく後を絶たない、ということ。

そう、これから紹介する〝呪物の引き取り案件〟でそのことを思い知らされた。

神社からもお焚き上げ拒否のものとは

「はやせさん……ですよね？」

東京から新幹線、電車を乗り継ぎ、とある駅前ロータリーに立っていると、1台の車が近づき、中から20代後半と思われる男性が、窓を開けて弱々しく声をかけてきた。前髪は目が隠れるくらい伸びている。

「日向《ひゅうが》さん？　DMをくれた」

僕の問いかけに、彼は静かにうなずいた。彼の目は長く伸ばした前髪で見えないけど、僕と目を合わせていないことは感じられた。顔色は青ざめ、不健康そうだ。日向さんは、DMで僕に呪物の引き取りを依頼してきた。

その呪物とは〝神棚〟。ご神体があり、地元の神社で供養しようと、お焚《た》き上げを依頼したところ「**こんなドス黒いものを持ってくるな**」と断られた、ということだった。だから引き取ってほしい、と。

　もちろんDMじたいは、そんなあっさりした内容ではなく、かなりの長文で、呪物についての説明はじつに詳細だった。それは、にわかに信じがたい禍々《まがまが》しい内容だったが、本人の僕に助けを求める切羽詰まった感じと相まって、これは、本当かもと感じさせるリアリティがあった。

　だから、僕は文面を読み終えて即、返信をし、即スケジュールを調整。いてもたってもいられない衝動に駆られたわけだ。

　そして、わずか1週間後には日向さんに会うべく、数時間かけて彼の自宅最寄り駅を訪れてしまっていた。

はやせ　DMにもくわしく書いてくれていたけど、やっぱりご本人から教えてもらいたいんで、順を追って聞かせてもらってもいいかな？
日向　はい。案内したい場所もあるんで、そちらに向かいがてら、お話ししてもいいですか？

はやせ　もちろん。お願いします。

日向さんの車に一緒に乗り込んだ。

日向さんは目を合わせることが苦手そうだし、運転しながらなら、正面を向いたまま話せるのかなと思った。

僕も、あまり人と目を合わせるのは好きではない（取材や調査で人と話すときは、また別で、意識してしっかり相手の目を見て話す）。

気持ちを察するに、その方がストレスもないのかな、などと思いながら、僕は助手席で彼の呪物の話に耳を傾けた。

それは〝禁忌〟だよ、〝祟られ〟ますよ

日向さんは、生まれ育ったある地域で青年団に入っていた。

その青年団には、何かにつけ日向さんを罵ったり邪魔をしたりと、目の敵のように

意地悪をする50代の男性が2人いたという。

はやせ　日向さんはおとなしそうだもんねぇ。それでからまれてしまったのかな。

日向　オレ、もともとは荒れたタイプだったんですけど、あまり強く言う方でもなかったんで。だからからまれてしまったのかもしれません。

はやせ　え、荒れてたん？

日向　成人式の写真なんですが、こんなでした。

信号待ちのタイミングで、見せてくれたスマホの写真に目を疑った。金髪のリーゼント、しかも特攻服。イケイケのヤンキーだ。

（めっちゃ怖い。いま横にいるの、まるで別人やん。どうして……）

その50代の2人からの嫌がらせに、日向さんはとにかく耐えた。

というのも2人は地域ではわりと権力をもつ立場にあったからだ。もし、強く言い返したりしようものなら、地域に住むことにも支障が出る。家族も暮らしているので、そっちにも飛び火しかねない事情があった。

しかし、無抵抗であればあるほど、さらにエスカレートしてくる人間が、世の中には残念ながら少なからずいるもの。日向さんががまんしているのをいいことに、何度も何度も嫌がらせを受けた。

いい加減、本当に腹が立ってきた。どうにかやめさせたい、でも、強く言えないし暴力を振るうのもまた違う。どうしたら黙らせられるだろう……。


あるとき、日向さんは仕事の関係で、地域の神社の人と知り合った。

何度か神社に足を運んでいるうちに、雑談の中でその人と神棚の話になった。

「日向さんは、家に神棚を祀《まつ》ってないの？」

「いや、祀っていないです。どういう祀り方がいいとかあるんですか？」

「もちろんあるよ。神棚の正しい祀り方を教えてあげよう」

日向　こうすると神様が宿るから、とか、〝正しい祀り方〟を教えてもらいました。
　それを聞いたとき、オレ、ただの興味本位だったんですが、こんな疑問を投げかけたんですよ――その正しい祀り方のすべてを、逆にやると、どうなるんですか？

はやせ　それは、裏返しだから……。

日向　ええ。その人にも言われました――それは〝禁忌〟だよ、〝祟られ〟ますよ。

そんなことやったら、死んでしまう人が出るよ――って。

はやせ　そうだろうね。

直後の日向さんの言葉に、僕は青ざめた。

日向　それをやったら……それで呪えるんだったら、あの2人をどうにかできるんじゃないかって、そう思ったんですよね。教えてもらったとき、もう、ニコニコで頬がゆるんだ表情をその人に見られないように、顔を隠すので必死でした。

――絶句。相槌《あいづち》も打てなかった。

もちろん、事前にここまでの話の概略はＤＭに書かれ、読んでいた。でも、文面と言葉では印象が違う。リアリティが違う。

「禁忌だよ」と言われたことを、２人を呪うことに、いとも簡単に結びつけた空気が直《じか》に伝わってきた。

（ちょ。ヤバめじゃね……）

でも、運転している彼には、僕の動揺は気づかれていないようだった。

他人のことは気にならず、運転席から正面に展開していく景色と、自分のことしか見えていないのかもしれない。

禁忌の神棚作りと忌み地

禁忌と知りながら、いや、禁忌だからこそ、日向さんは「２人への復讐《ふくしゅう》ができる」と、すぐに行動に移した。嬉々《きき》として。

まず必要なのは神棚だ。これは見切り品の、汚いちょっと古いものを買ってきた。

それを一度、バラバラに解体した。

そして、50代の2人に対しての恨み辛《つら》み憎しみを頭に浮かべて、どうにかなれ、消えてしまえ、そんなことを口にしながらゆっくり、数時間をかけて組み上げ直していった。

人のことを呪いながら、何かの作業をするというのは、ふつう、なかなかできるものではない（適切なたとえかわからないけど、映画を観《み》るのに集中しながら、空いている手を使って絵を描くようなものか。できる人もいるだろうけど、非常に困難だ）。日向さんの恨みの強さがうかがえる。

次はこの〝逆〟。神棚にお供えするものを用意する。

普通なら、塩や御神酒、米だ。これら清浄なるものを、一度腐らせる――腐らせてからお供えをする！

自宅に神棚がある人の中には、経験がある人もいるだろうか。盛り塩は放置すると、黒くなる。これはよく、邪気を祓った結果として黒くなるというが、わざとその状態になったものを用意する。

御神酒は放置すると、表面に膜ができ、カビのようなものが生えてやはり真っ黒になる。米も腐っていくのを待つ。これらがいずれも黒く変色するまでに1か月ほど要したそうだ。

さあ、準備は整った。日向さんは、〝逆〟神棚に穢《けが》れた塩や御神酒、米をお供えする。そこで思った――自分は、何に対して祀ろうというのか？　メインとなる〝御神体〟がないのだ。**これではただの器でしかない。中身がない――**。

日向　そこまで準備を整えながら、肝心の祀る対象が不在だったわけです。どうしようか、う〜んと考え込んで。でも、そのうち寝ちゃったんです。

はやせ　DMにも書いてくれていたね、そこで夢を見たと。

日向　ええ。夢の中に、あの2人が出てきたんです。オレにずっと暴言を吐きつづけている。オレはその声を受け止めながら、ああ、ここは夢の中なのに現実と同じように言ってくるなんて。本当に嫌な、嫌な、嫌な人たちだな。オレが何かあなたたちに悪いことをしたんですか、と。

はやせ　夢に出てくるほどなのは、それだけ頭の中に強くはびこっていたと解釈できるけど、〝その先〟のことは、本当に不思議だよね。

日向　そうなんです、ふと目覚めてから思い起こしたんです。2人が立っている場所に見覚えがあった。なんかここ見たことあるな……と。すぐに記憶と結びつきました。僕の家の近くにある山だったんです。なんでこの2人はそんな場所で自分を罵っているのかな、と。

はやせ　その山は、地元でも〝忌み地〟とされる、よくない場所だと。

日向　はい、そして……ここです。

日向さんは、車のブレーキを踏んだ。僕が車窓から外を見ると、そこはちいさい山の脇を走る道沿いだった。

夢に出てきた場所から木の化石が！

日向さんと僕は、一度車から降りると、山を見上げた。

その山は地元で、なぜ〝忌み地〟とされているのか？ 要するに、封じられていない、いまは使われていない古井戸が点在するなどして、入ると危ないからだという。

この山には、近づかない方がいい、というわけだ。

「これは何か意味があるに違いない、お告げかもしれない」

日向さんはそう受け取り、忌み地も気にせず山を登っていく。すると――。

日向　頂上辺りなんですけど、そこで悪口を言われていたなぁ……と。そこまで行くと、地面が光っているように〝見えた〟んです。

はやせ　もうそんなの完全に、「ここを掘れ」の合図だよね……。

日向　本当に光っていたのかはわかりません。でも、そこを掘ったら、何かが見つかるという確信はありました。絶対、〝ここ〟を掘らなければいけない！

はやせ　そのあとのことも、不思議な話やね……。

改めてこの目で見るその山は、どこにでもあるようなちいさな山だし、そこでの日向さんの体験は、〝不思議な話〟だと思った。

日向さんは、その辺に落ちていた木の枝を手にすると、光っているように見えた地面を、ガリガリと掘りはじめた。すると、木の枝が土の中でガツンと、硬い何かに当たる手応えを感じた。

「なんだろう……」

日向さんは、その先の土を両手でかきわけていくと――木の化石があった。

それは、いわくのあるこの山にかつて植わっていた木で、なおかつ、それが腐り、地中に沈み、〝忌み地〟だと人々に言われつづけた山の中で、そのまま、長い歳月をかけて化石化したものだ。絶対に〝良〟なるものなわけがない。

日向　そのとき直感しましたね。これを使って〝呪え〟って、〝祀れ〟って。山がオレに言ってきているのかも、って。**呪いを完成させろって言ってきているのかもって。**

はやせ　えっと……。

解釈のタガが外れている。

日向　案内もできたんで、神棚を引き取っていただくのも兼ねて、続きはどこか近くの喫茶店でお話しします。

はやせ　——お願いします。

悪鬼様、お宿りください

喫茶店で、さらに続きの話をうかがった。

日向さんは、木の化石を自宅に持ち帰ると、それを神棚に祀ることにした。そのときの彼は──過去に一度、呪いをかけたことを再現しているのではないか、というほどに、体が勝手に動いたのだという。

日向　オレはこの方法で、人を必ず呪えるわ……って思ったんですよ。なんの迷いもなく。自動的に体が動いたっていう感じですかね。

日向さんは木の化石を、和紙でぐるっと巻くと、自分の人差し指の皮膚を歯で食いちぎった。おびただしく流れ出す血で、その巻きつけた和紙の周りをなぞっていく、囲っていく。〝血の封印〟とか〝血の契約〟とでもいうように儀式めいていた。

はやせ　そのときは、自分が何をやっているのかわかっていたの？

日向　いいえ、自分でもなんでやっているのか、わからないんですよ。でも、確信してました。**そういうふうにやれば、人を呪えるってことが**。それに、こう言わなきゃいけない、みたいな文言のようなものが〝わかって〟いたんです。だからそれに従いました──。

――悪鬼様、お宿りくださいい、悪鬼様、お宿りください。

日向さんを罵りつづけた2人を頭に浮かべながら、そう3、4回唱える。

しかも悪鬼なる存在を呼び込むために、左右の手の甲を打つ、いわゆる〝裏柏手《かしわで》〟を行ったという。〝裏柏手〟は、まさに、憎しみの対象を呪い、死者を手招きするような、不吉な行為だ。

さらに、準備していた賽銭箱《さいせんばこ》に、500円玉を投じた。500円玉は、最高額の硬貨だ。すなわち〝これ以上、円(縁)がない〟――2人の命の縁をなくす、そんな意味(そして〝忌み〟)も込めた。

はやせ　そこまでの一連の行動は、ぜんぶ――。

日向　誰に教わったでもなく、なぜかできたんです。ぜんぶ、頭に浮かびました。「ああやんなきゃ」「順番はこうだろう」って。翌日、賽銭箱から500円玉を取り出しました。

はやせ　それも、やっちゃいけないことだよね……。賽銭箱のお金を取る。
日向　これで、〝呪いは成就した〟って思いましたね。だから僕は神棚に、「終わりました。ありがとうございます」って頭を下げました。

大きすぎる呪いの代償

神棚の正しい祀り方と逆を行う。しかし、しかしだ。やっちゃいけないようなことだとは思えるが、普通に考えれば、そんなのなんの技術もない〝ただのオリジナル〟だ。呪い方にも技術はあるはず。正しく呪えているとは考えられない。

日向さんも正直そのような認識はあって、「これでうまくいくのだろうか」という不安のようなものも抱いていたそうだ。

しかも、1週間、2週間と時間が過ぎても、相変わらず、日向さんへの50代2人からの嫌がらせは続いていた。「やっぱり呪いなんてないのかもしれない、無理なんだろうな」とも思った。だが――。

日向　呪いの儀式から1か月経ったとき、死んだんですよ。ひとり死に、2人死に……それも急に、相次いで!

はやせ　同じ時期に……。

50代だと、日ごろの生活の仕方で体を壊してしまう人は、まぁいるような年齢だ。でも亡くなるには若すぎる年齢でもある。それが急に2人とも亡くなるとは。

日向　うわっ、これは本当に呪いが効いたのかな、って思いますよね。

はやせ　ええ、思います。偶然にしてはできすぎている。それに、日向さんのそのあとの話も一連の流れから呪いなんだと思わせます。

というのも、日向さんは、**内臓をふたつ……肝臓と腎臓を、やられてしまった**というのだ。まだ20代だ。なんの兆候もなかったのに、急にだ。

〝人を呪わば穴ふたつ〟、呪いで命をふたつ奪った代償に、呪いが跳ね返ったのか、内臓をダメにしてしまったというのだ。

それだけではない。人の命を奪った——事実としては、ただ2人が亡くなっただけであり法に触れることではないのだが、やはり認識があるだけに、呪いの成就と同時に、日向さんは、罪悪感に苛《さいな》まれてしまう。

「本当に呪いというものがあり、本当に亡くなるなんて……」

彼はどんどん精気を失い、少し前まで金髪に特攻服だった人とは思えないほど元気もなくなり、やつれ、気弱になっていった。

有名霊能者もお手上げ

日向さんは、すぐに自分の母親に相談した。

日向　母はお祓いができるような神社や寺にくわしいんです。だから少しでも話をわかってもらえると思って。そうしたら、「なんてことをしてしまったのか！」と、すごく叱られて。

はやせ　それでお母さんは「神棚を捨ててしまえ」と言った、と。

日向　ええ。でも、それは怖くてできない。2人も死んでいるんですから。

はやせ　それならとにかく神様に許してもらおう、と……。

日向　はい。母が信仰している、奈良の山の上にある神社に、母と2人で。

霊山としてもかなり有名な場所だ。そこで、「助けてください、もうやりません」と頭を下げようとしたのだ。すると、

日向　神社で、年配の女性がオレらに近づいてきて、「あんただったのか」と言うんです。その人は、数日前に寝ているときに、神様が出てきて「男の子が奈良の〇〇山の神社で悩んでいる。助けてあげなさい」と言われたから来たと言うんです。

はやせ　日向さんのことを知らされた、と。

日向　その女性の話を聞くと、政治家や企業を診る有力な霊能者なんだそうで。

「**あんた、何をしたらそんなに黒くなるんだい？**」と問われて。

日向さんは霊能者に、これまでの経緯を伝えたところ、「あ〜〜、これは口寄せと冥婚だねぇ」と告げられたという。

日向さん本人が、何かを生贄《いけにえ》にして、〝呪い姫〟を口寄せで召喚しているという。呪い姫は不幸なままこの国を呪って死んだお姫様で、〝それ〟が〝憑《つ》いている〟というのだ。

しかも、だ。普通は誰しも守護霊なりの守ってくれる霊的な存在が憑いているものだ。しかし、日向さんは霊能者にこう言われた。

「おまえの守護霊は、呪い姫が〝食っちゃっている〟。だから、どこにもいない」

つまり、守護されることもなく、今後はいいこともない。

しかも呪い姫の嫉妬で日向さんが女性と出会っても弾かれるし、付き合うことも不可能。実際、そのころ日向さんは付き合っていた彼女と別れてしまっている。

そして、絶望的な言葉を告げられた。

「呪い姫を祓ってやりたいけど、その力は自分に返ってきてしまう。申し訳ないが、私にはどうすることもできない」

写真に写し出された女の顔

有名な霊能者すらも見捨てざるを得ない。日向さんは、どうすればいいのか？　自分なりに悩んだ末、発端でもある呪いの神棚を手放すことが第一ではないかと思い至った。

ただし、普通にゴミのように捨てればいいというものでないのも、わかっていた。だから、まずは近場の神社や寺に相談に行く。しかし見た目はいたって普通の神棚なのに、先方からは見た瞬間に、「ダメダメ、うちではそんなものは扱えないよ」と強く拒否されてしまう。

「そんな〝黒いもの〟、引き取れない、持ち帰ってくれ」と。

捨てたくても捨てられない。引き取ってほしくても拒否されてしまう。どうしよう、どうすれば、と思っているとき、日向さんはふと、思い当たった。

「そもそも〝呪い姫〟ってなんだよ？　――オレ、知っているかも」

その〝心当たり〟にゾッとした！


忌み地である山の近くのレストランで、日向さんはアルバイトをしていたことがあった。

山なので見晴らしもそれなりにいいから、なんの気なしに「こういうところでオレ、働いています」とSNSにでも投稿しようかと、写真を撮った。

店の大きな窓の外は、崖っぷちだ。そこに――崖っぷちの人が立てないような位置に、**〝店の中を覗《のぞ》くような、女の顔〟が写っていたのだ。**

ちなみに、その写真を僕は見せてもらっている。

一見、わかりにくかったが、よくよく見ていくと、たしかに女性とわかった。

それは、３つの線なり点なりが集まると顔に見えてしまう「シミュラクラ現象」などではない。

日向さんは、ハッとした。

「あの写真を撮ったのは……神棚の呪いの儀式をやったあとぐらいの時期だよな」

口寄せで召喚した悪鬼＝〝呪い姫〟だったんじゃないか、と。

恐怖、恐怖、恐怖。〝神棚〟もどうにもできない。〝呪い姫〟という異様なものが身近にいる。なんだこの状況は。

八方塞がりではないか——日向さんは困り果てた末、ＬＩＮＥのオープンチャットに相談を書き込み、ダメ元で助けを求めてみた。

これこれこういう体験をしています。呪いの神棚の捨て方がわかりません。ゴミとして捨てるのも怖いし、焼くにも怖い。どうしたらいいでしょうか……と。

すると、「あの人ならその神棚を引き取ってくれるかもしれない」と助言が入った。日向さん的には、そんなことはあり得ないと反論した。「神社でも寺でも引き取りを拒否された神棚ですよ」「そんなものを引き取ってくれる、おかしな人がいるんですか？」と。

するとと、「まあまあ、連絡を取ってみてください」とその〝おかしな人〟のSNSのDMの送り先を日向さんは教えられた。

彼は半信半疑で、そんな風変わりな人物にDMを送信する。するとこう返ってきた。

――すべてを引き取りますよ。お気遣いありがとうございます。

みなさん、おわかりだろう。その返信の主こそ、僕である。

それでこの話は冒頭につながり、僕は日向さんに会いに来ているわけだ。

もうひとり呪う⁉

はやせ　詳細もわかりました。本当にこれは……〝黒い〟呪物だと思います。以後、僕が大切にさせていただきますね。

日向　ありがとうございます……。

喫茶店を出ると、「駅まで送ります」と言うので、再び車に乗せてもらうことにした。その車中、日向さんがポツポツと語りだした。

「はやせさんが神棚を引き取ってくれるって決まったとき、心底うれしかったんだけど、こうも思っちゃったんですよ――〝**もうひとり呪いたいな**〟って。呪いの効果があるのはわかったから……。だから、やっちゃったんですよね。はやせさんが来たら、神棚持っていかれちゃうから」

「持っていかれちゃう」って、おまえが持って帰れ言うたやん……。いや。反応すべきは、そこちゃう。ちょっと待って。〝やっちゃった〟？　もう一度⁉　その話、聞いてない！

運転している日向さんの方を見ると――笑っていた。

彼はやはり自分しか見えていないのか、僕が唖然《あぜん》としているのにも気づかないまま、ハンドルを握りながら話を続けた。

日向　青年団そのものを恨んでいたのかもしれません。だから、青年団の誰か死ねって言ったんですよ。

はやせ　じゃあそれって、引き取るの決まってからいくらも経ってへんし、最近だよね。また1か月後とかに誰かが死ぬ!?

日向　いや、今度は効果が早かったんです。2日後に、僕のあとに青年団に入った10代の子が、お寺で刺されて死んじゃいまして。ニュースにもなったんですよ。恨んでなかったんですけどね、まさかその子に呪いがいくとは。

はやせ　つまり、青年団の中からランダムに選ばれた人が刺されて亡くなった!?

日向　変な事件なんですよ、ニュースによると容疑者は刺したことを覚えていないって。

はやせ　えっと……以前、最初の2人のときは内臓をやられているじゃないですか。

日向　今回は、僕じゃなくてお母さんの肺が持っていかれまして……気胸が悪化したんです。ほんとね、僕だったらよかったんだけど。これ、自分じゃない方が精神的にかなりキツイんだって気づきました。

それから彼は、「それで怖くなったし、神棚を持っていたら〝またやっちゃいそう〟で、怖いんです」と、平然と語った。

怖いって――あんたが一番怖いわ。

なんで〝またやっちゃいそう〟なんだよ。呪いは、クセになるのか？

その後の神棚と依頼者

日向さんとは、最初に待ち合わせた駅の少し手前で別れた。なぜか駅までは送ってもらえず、降ろされたのだ。理由はとくになさそうだが。

車には電化製品の箱が積んであり、それをそのまま受け取った。中に神棚ほか呪いのセット一式があるという。

これがあれば自分も誰かを呪殺できるんだな――そんなことを思いながら、新幹線で東京の家に帰宅する途中、神棚を入れた箱が壊れ、箱の中身が落ちてしまった。神棚、賽銭箱、それに血のついた和紙でぐるっと巻かれた木の化石が新幹線の通路に転がり落ちた。

（なんやこれも呪いか⁉）

そんな適当なことを思いながら、壊れた箱は駅で処分し、小物類はバッグに入れ、僕は神棚を抱えて持ち帰った。

新幹線の中では、まぁ～じろじろ見られる見られる。怖かっただろうな、〝なんでこいつ、神棚持ってんだろう〟って。

それから――その神棚は我が家の呪物たちをしまっている部屋に安置している。中には例の木の化石が血のついた和紙にくるまれたまま入っている。そして、普通の神棚で行うように、僕は御神酒や盛り塩を欠かさずお供えしている。

神棚を呪物の展示イベントに出すこともある。そのとき、木の化石は、さすがに本物の人の血がついたものなので、嫌な人、不快な人もいるだろうから、見たい人だけが見られるようにしている。

やはり〝力〟があるものなのだろう、実際見た人の中には、吐いた人、具合が悪くなった人もいた。

また、本当に霊能者なのかわからないが、そういう人から「こんなもの、絶対、人に見せるもんじゃない」と怒られたりもした。

まぁ、霊能者気取りの人は、呪物を悪いと言って叱りつけるのが定番なので、僕はあまり気にしていない。

なお、僕はこれまで一度も神棚が原因で具合を悪くしたりしたことはない。

ただ、持ち帰ったあたりから、霊能力のある人から「**はやせさん、〝黒い箱〟が見えます**」などと言われることが多くなった。奥さんから、〝黒い箱〟はこの神棚のことじゃないかと指摘された（きっとそうなのだろう）。

そうそう。それからしばらくして、日向さんからＤＭをもらった。

神棚を引き取った礼の言葉と、動画などで話をしてもらってかまわないということ。

その後、家の中の〝ラップ音〟もなくなり、女の子から遊ぼうと誘われたことなどが綴られていた。

だんだん、元の日向さんに戻ってきているってことなのだろう。〝呪い姫〟に食われた守護霊も戻ってきたのかもしれない。

それにしても、だ。また聞いてない話だ。

〝ラップ音〟のこと、言ってなかったやん！

よけいなひと言を好かれるセリフに変える言いかえ図鑑

大野萌子 著

2万人にコミュニケーション指導をしたカウンセラーが教える「言い方」で損をしないための本。人間関係がぐんとスムーズになる「言葉のかけ方」を徹底解説!

定価= 1540 円（10%税込） 978-4-7631-3801-9

ぺんたと小春《こはる》のめんどいまちがいさがし

ペンギン飛行機製作所 製作

やってもやっても終わらない!
最強のヒマつぶしBOOK。
集中力、観察力が身につく、ムズたのしいまちがいさがしにチャレンジ!

定価= 1210 円（10%税込） 978-4-7631-3859-0

ゆすってごらん りんごの木

ニコ・シュテルンバウム 著　中村智子 訳

本をふって、まわして、こすって、息ふきかけて…。子どもといっしょに楽しめる「参加型絵本」の決定版!ドイツの超ロング&ベストセラー絵本、日本上陸!

定価= 1210 円（10%税込） 978-4-7631-3900-9

1 お買い求めいただいた本の名。

2 本書をお読みになった感想。

3 お買い求めになった書店名。

市・区・郡　　　　町・村　　　　書店

4 本書をお買い求めになった動機は?

・書店で見て　　・人にすすめられて
・新聞広告を見て(朝日・読売・毎日・日経・その他＝　　　)
・雑誌広告を見て(掲載誌＝　　　)
・その他(　　　)

ご購読ありがとうございます。今後の出版物の参考とさせていただきますので、上記のアンケートにお答えください。**抽選で毎月10名の方に図書カード(1000円分)をお送りします。** なお、ご記入いただいた個人情報以外のデータは編集資料の他、広告に使用させていただく場合がございます。

5 下記、ご記入お願いします。

ご職業	1 会社員(業種　　) 2 自営業(業種　　) 3 公務員(職種　　) 4 学生(中・高・高専・大・専門・院) 5 主婦 6 その他(　　)		
性別	男・女	年齢	歳

郵 便 は が き

料金受取人払郵便

新宿北局承認

9083

差出有効期間
2024年 5 月
31日まで
切手を貼らずに
お出しください。

169-8790

154

東京都新宿区
高田馬場2-16-11
高田馬場216ビル 5 F

サンマーク出版愛読者係行

ご 住 所	〒 都道府県	
フリガナ		☎
お 名 前		(　　　)
電子メールアドレス		

ご記入されたご住所、お名前、メールアドレスなどは企画の参考、企画用アンケートの依頼、および商品情報の案内の目的にのみ使用するもので、他の目的では使用いたしません。
尚、下記をご希望の方には無料で郵送いたしますので、□欄に✓印を記入し投函して下さい。
□サンマーク出版発行図書目録

3

特級呪物・猫ちゃん

どうやって呪物になるのか

呪物は、どうやって呪物になり得るのか——。

成り立ちについて、僕なりの考えではあるが、呪いを発動させるための「依り代《よりしろ》」に使うような、使い手の意図によって生み出されたものがある（先に紹介した「呪いの神棚」もこちらだ）。

一方で、もとはどこにでもある普通のものでも、知らず知らずのうちに〝念〟（それも邪《よこしま》な）がこもってしまったり、なんらかの〝いわく〟がからむ現場にあったりすることで、意図せず呪物に変わってしまったものがある。

もちろんほかにも呪物に〝なる〟ルートはいろいろとあるだろうけれど、〝意図的〟であるかどうかの視点で大まかに分ければ、そんなところだろうか。

呪物を持っていると、それだけで不幸になる、なんて話はよくあること。

これは後者、「意図せず呪物に変わってしまったもの」の場合だろう。〝呪い〟が暴走してしまっているのだ。だから、持ち主なりその身近な人々に、呪いの影響力がおよんでいく。

こんなとき、なかなか呪物を〝捨てる〟選択肢は取られないようだ。捨てればさらに不幸が大きくなって返ってくる怖さがあるからか。

だから、寺社で祓《はら》ってもらうのが無難。しかし、寺社でもどうしても引き受けきれない、扱いきれない大きな負の力をもつ呪物もある。

結果、最終手段として、誰か引き取り手を探して譲渡することになる。

そんな最終手段のひとつ……ある意味、優良譲渡先――僕だ。

というわけで、僕は引き取り手の現れないような、寺社も見放すような呪物（とくにその呪物に物語があるもの）を、自宅に招き入れる気持ちで収集している。

家には、呪いの儀式に使われる依り代の呪物（儀式があってこそ呪いが発動するようなもの）はもとより、代々の持ち主に不幸をもたらしてきた物も数多くある。

たとえば、都市ボーイズのYouTubeを観《み》た骨董屋《こっとうや》さんから譲っていただいた〝日本人形〟がある。

指詰めの日本人形

それは戦時中からある日本人形で、もともとの持ち主は仲のいい姉妹の妹だったという。

妹は病気で若くして亡くなるが、弱っていく彼女が命の灯火《ともしび》の消える瞬間まで抱いていたものが、その日本人形だった。

だから、火葬の際に「どうしてもひとりではかわいそうだ。寂しかろう」と、人形を棺桶《かんおけ》に一緒に入れてあげることにした。妹の最期に寄り添ってくれていたのだから、妹も喜んでくれるだろう、と。

ところが、火葬を終えて家族が帰宅すると、そこに〝あった〟のだ、人形が！

「あれ？　たしかに棺桶に納めたはずなのにどうして？」

家族が戸惑ったのも当然だ。でも、姉はこの事実を、不気味なことではなく、前向きなこととして捉えた——もしかしたらあの子は、この人形をもうちょっと現世でかわいがってあげてほしい、そう言っているのかも。

家族は人形を、まるで亡くなった妹の代わりとでもいうように、大切にした。

ところが、時期を同じくして、家族の病気や怪我《けが》が相次ぐようになった。姉妹の両親が相次ぎ亡くなると、姉はなんとなく人形に気味の悪さを感じて、家の敷地内の蔵にしまうことにした。

そのまま時は過ぎ、姉が80歳を迎えたころのことだ。もう自分は年齢的に、先は長くないだろう。家族の迷惑にならないように、身の周りの整理をしようと思い、まったく足を踏み入れてこなかった敷地内の蔵を整理しようと、入った。

「あ……あの子の」

例の日本人形に再会したのだ。存在をすっかり忘れていた。懐かしさが強かったのもあっただろう、どうして蔵にしまったのか、その理由に思いが向くこともなかった。

日本人形をよく見ると、**右手の親指以外の指9本は、まるで詰めたかのようになく**

なっていた。

変だな、ずっと蔵に置かれていて、誰もいじっていないのに。経年劣化だろうか……。そう考えて、人形の置かれていた周りや床を探してみるも、指は見つからなかった。

ともあれ、日本人形を抱きかかえ、蔵から家に持ち帰った直後からだ。家族が指を怪我しだしたのは——。中には指を切断する事故まで起きた。姉はハッとした。(昔、おかしなことが起きたとき、この人形に気味の悪さを感じて、蔵にしまったんだった。そのあとも蔵に閉じ込めつづけていたから、悪いものが入っている⁉)

姉は怖くなり、人形をお焚《た》き上げしてもらおうと、付き合いのあった寺に持っていった。すぐにお焚き上げが執り行われることになった。

このとき、段の上に人形を座らせて、人形から魂を抜く経文が唱えられるのだが、どういうわけか人形は何度も、何度も、段から転げ落ちてしまう。

まるで意思をもって動いたかのように。お坊さんが押さえつけても、ごとごとと揺れて段から落ちてしまう。

「この子は、まだ現世にいたいのだろうか……」

けっして、かわいがってはいけない

お寺の手にも負えず、魂抜きができなかったと、姉の元に返されてしまった。そこで姉と知り合いの骨董屋さんが引き取ることになった。

その骨董屋さんはちょっと変わっていて、いわくがあるものを引き取ることを、親の代からしていた。だからこそ、寺もお手上げの人形を引き受けたのだ。

だが、案の定というか骨董屋さんも怪我をした。また、人形がごとごとと動く様子を見て、彼は思った。

「ああ、これはうちに置いておいてもかわいそうだな」と。

そして、YouTube 動画などで僕が呪物を集めていることを知っていた骨董屋さんは、「はやせさんならこの人形は大丈夫じゃないかな」と見立てたという。

共通の知人を介して僕に連絡があり、僕が引き取ることになったのだ。

骨董屋さんの見立ては正しかったかもしれない。引き取るとき、骨董屋さんから人形の来歴を教えてもらった。

「この人形は、かわいがると指を怪我したり、ちょっとおかしな目にあったりするから、けっしてかわいがらないように」

そう、念を押された。

とはいえ、呪物を愛したい僕が、**この子をかわいがらないわけがない**。

そんなことも込みで、骨董屋さんは僕が引き取るのに適任と思ってくれたのだと、勝手に思っている。

なぜなら、家に迎え入れて以来、僕も奥さんも、その子をとてもかわいがっているけど、事故や怪我などは起きていないからだ。

では、呪いの力などそもそもなかったのか、とか、呪いの力が我が家に来てから消えたのか、といえば、そんなことはないようだ。

その証拠に、あるタレントさんが、この日本人形を「よしよし」と左腕で抱いたところ、**翌日、左半身が動かなくなってしまったのだ。**

一晩で治ったのだが、あれだけ動けなくなったのに、寝て起きたら元どおりというのも不思議だ。

ちなみに、以来、そのタレントさんは、僕が呪物を見せて触らせようとすると、妙に警戒するようになってしまった。

リアル特級呪物やめろ

この指詰めの日本人形の呪いの影響力はなかなかだけど、我が家にはそれと比べ物にならない、まさに〝特級呪物〟がある。

それは僕が「猫ちゃん」と呼んでいる、〝耳が欠けた猫の置物〟だ。

都市ボーイズの動画や、友人知人のユーチューバーとのコラボ動画、何度か行われている呪物の展示イベントなどでも紹介しているので、僕の呪物コレクション・チームの4番バッター的代表選手ともいえるし、もっともよく知られているものかもしれない。

でも、見たことも聞いたこともないという初めての方も当然いらっしゃるだろう。僕としてはそういう方にも知っていただきたいし（我が家の呪物で、猫ちゃんだけ特別扱いのような差はつけたくないけれど）、それでもやはり、物語が多い呪物でもあるので、ここで改めて紹介させていただこうと思う。

猫ちゃんが世の中で最初に話題に上ったのは、２０２１年６月ごろのことだ。ＳＮＳ上に、あるフリマサイトのスクリーンショット画像が上がった、次のようなつぶやきとともに。


――リアル特級呪物やめろ。


スクショ画像には、出品された猫の置物の写真があった。

これじたいは、とりたてて呪物というような怖いところはない。

首を左に傾けていて、くりっとした瞳。耳の端は欠けているが、むしろ全体的にかわいらしい印象だ。

しかし、問題は、出品者による商品の説明欄だった。そこに書かれていた内容を僕なりに意訳すると、次のようなものだった。

＊

この猫の置物はもともと、戦時中、出品者の祖父が海外の戦地で買ってきた、祖母へのお土産だった。

ところが、猫の置物が来てからというもの、祖母は耳が聞こえなくなり、姉は右耳の突発性難聴で苦しみ、いとこは事故で耳がちぎれる怪我を負ったという。さらに、身内には自殺者まで出た。

出品者としては、その不幸を教えてくれる幸福のアイテムだとは思うのだが、ちょっと怖い。捨てるわけにもいかないので、譲渡したい。誰か買ってくれないだろうか。

＊

このスクショ画像のSNS投稿を見た人たちからは、「家族めちゃくちゃになっているじゃん」「これ、置物が来たから不幸になってんじゃね？」と、その奇異な出品理由が世間の関心を煽《あお》り、1万件以上拡散、思い切りバズった。

一方で、まさに「リアル特級呪物やめろ」の呼び声どおり、買い手はなかなか現れず、1万円の値付けは9200円、8000円、7000円と次第に下げられていった。

この盛り上がりに目をつけた勇者が現れた。あるユーチューバーだ。自ら名乗り上げ、「そんなに恐ろしい猫の置物ならば、これを購入し、〝一晩、一緒に過ごす様子を生配信する〟」と、SNSに投稿したのだ。

注目度が高い話題だっただけに、当然、この投稿も拡散、猫の置物の持ち主を名乗る人物からも、「え、マジで？　元の持ち主だけど気になる！」と驚きのコメントがついたのだ。

ユーチューバーによる購入の手続き、出品者の発送、受け取りが済んだのだろう、数日後に、猫の置物との配信が予告通り行われた。このときは、とくに異変もなく、配信も無事に済んだようだ。

だから、そのユーチューバーは、猫の置物との配信の後日には、「カラオケを歌ってみた」のような動画を上げてはいる。

だが――ここから先の〝動画更新が、なくなってしまった〟のだ。活動停止。それまで頻繁に動画を上げていたのに、だ。


後にわかったことだけど、**配信停止の原因は〝耳の不調〟だった**という。

道を歩いているとき、急に耳から黄色い汁が出てきて「えっ⁉」と思ったら、難聴になってしまったのだという。

「なんで、なんで？　あ、猫のせいなんでは？　これはヤバいしマズいしエグい。誰かもらってほしい」

そこで猫の置物は、別のユーチューバーの手に渡ることとなった。

なお、現在は耳の不調も治り、YouTubeも別アカウントで復帰されていることを補足しておこう。

次々とユーチューバーを襲う怪異

さて、続いて譲られたユーチューバーは、猫の置物を抱っこしながら、やはり生配信を行った。もともといろいろなフィギュアを集めているユーチューバーだ。

「この置物があっても、何も変わりません」

「呪いなんてないですよ」

実際、彼にはおかしなことは何も起こらなかった。〝彼〟には！

数日後のこと。彼が帰宅したところ、彼の子供が〝耳が痛い〟と大泣きしていた。慌てて耳を見てみると、なんと、**まるで猫の爪に引っかかれたような傷が、山ほどついていた**のだ。しかも、何かに引っ掛けたとかではない、〝急に浮かんできた〟という。またしても〝耳〟だ。

「これは、本当に〝ダメなやつ〟では⁉」

「捨てるわけにはいかない。じゃあどうする？　誰かに渡さなければ」

猫の置物リレーの続行だ。

彼が猫の置物を譲る先として、指名したのが――僕だった。

彼と直接面識があったわけではない。

あくまで、互いにユーチューバーとして、ちょっと知っていただけの間柄だ。だが、僕が呪物の引き取りもしている話を耳にしたのだろう。僕に引き取りを願いたいという連絡が入った。

僕は僕で、呪物を手に入れることに麻痺《まひ》しだしていたこともある。これまでの猫ちゃんを巡る経緯も、もちろん知っていたが――興奮した。

今回の呪物は話題性も呪いの影響力も、ちょっと〝別格〟だ。そして、すごい呪物、強い呪物を手に入れるとき、僕の体は〝震える〟ようになっていた。

これは呪物アレルギー（？）によるものかもしれないが、喜びのバロメーター的な面もあり、すごい呪物であるほどガタガタガタガタと震えが止まらなくなる。

いうまでもなく、彼から猫の置物が送られてきたとき、僕の体の震えは止まらなかった。これは、もしかすると最強（＝最恐＝最凶）の呪物なのでは？

そして思ったのだ。

（何これ――手にして直に伝わってくる、猫ちゃんの放つ雰囲気も含めて――〝めちゃかわいい〟んやけど）

そんな感慨を抱いた猫ちゃんと僕の物語が始まった。

これから、どんなことが起きようか？

なぜ、耳にまつわる怪異が起こるのか？

受け取ったその日、拍子抜けするくらい、話に聞いていたようなことは何も起きなかった。受け取り元のユーチューバーの家でも、彼に何も起こらなかったのと同じようなことだろうか。〝僕〟には何も起こらなかったのだ。

〝僕〟を強調するからには、お察しの方もいるだろう。

そう、奥さんには、起きたのだ。猫ちゃんをお迎えして2日目だ。

怖がってしまうかなと思って、あえて「こういう置物があるよ」とは伝えていなかった。特別に危なそうだから、さらにバッグに入れていた。

「うわああ！」

22時ごろだっただろうか。風呂上がりにドライヤーで髪を乾かしていた奥さんが叫び声を上げた。

リビングでくつろいでいた僕は、慌てて奥さんのいる脱衣所に駆け込んだ。叫び声を上げたはずの奥さんは、なんだか怒っているように見えた。

はやせ　どうした？　何かあった!?

奥さん　いま呼んだ？　呼んだでしょ!?

はやせ　呼んでない、呼んでない、どうしたの？

奥さん　あんたじゃないんだ……髪を乾かしていたら、「おーいおいおーいおーい」って、突然、左耳元で男が大声で私を呼ぶ声が聞こえたの。私の名前も連呼してたからびっくりしちゃって。

はやせ　それはおかしいやろ。ドライヤーしてんのやから風の音で聞こえるわけないやん。
奥さん　だから……あんた何か〝おかしなもの〟もらってきたでしょ？

奥さんもさすがに呪物に慣れている。

怪現象が起きたことで、黙っていたことがバレてしまった。怖がらせまいと、余計な気遣いをしたばっかりに——。

僕は、そのとき初めてバッグにしまっていた猫ちゃんを取り出し、どのような呪物なのか、一から丁寧に説明することにした。

「突発性難聴になるっていう猫なんだけどねぇ……」

納得してもらえたか、わからない。


この体験から、僕の推測ながら、ひとつ合点がいくことがあった。

奥さんはもともと霊感がない人だったのだが、僕が呪物を持ち帰るようになってから、怪現象を感じたり、見たりするようになってきた。だから今回、「おーいおい」

と耳元で叫ばれているのをキャッチできたのだろう。

じつは、これまで猫ちゃんの歴代所有者も、ずっと耳元で叫ばれていたのではなかろうか。霊感がなかった、もしくは弱かったので、叫ばれていることに気づかなかっただけで。

なぜかといえば、みんな、耳がおかしくなっている。引っかき傷のような怪我はともかく、**難聴などの原因はこの叫びだったのではないか。**

耳元で、大音量で四六時中叫ばれたらおかしくなるのも当然だ。頭も痛くなるし具合も悪くなる。それで体調を崩したのではないか。

なお、奥さんについてはその後、宙に浮かぶ目玉を見たりしたようだが、それ以外は、我が家で猫ちゃんが原因と思われるおかしなことは起きていない。

生放送のスタジオが騒然！

ただ、ここまでのエピソードだけでは、猫ちゃんの怪異そのものは体験者の勘違いといえるかもしれない。おかしなことを〝同時に複数の人と体験していない〟からだ。そう、客観性がない。

この状況が続いていれば、それは猫ちゃんが我が家のエースになることもなく、むしろ平穏だったかもしれない。一時的に盛り上がっただけのことで、そのまま沈静化してしまったろう。

しかし、大きく跳ねてしまったのだ。同時に複数の人が怪異を体験してしまった。それも事が起きた現場だけでなく、それを現場から離れた別の場所で見ていた不特定多数の人々まで！

それは僕が、土曜深夜にやっている、芸人の司会者さんによるネット生配信番組に出演させていただいたときだ。

僕ともうひとりの呪物コレクターさん、魔術師さんの3人が、呪物について2時間語るという番組だった。僕はこの日、旅行鞄《かばん》にたくさんの呪物を入れて持っていき、オカルト否定派でもある司会者さんに「これはこんないわくがあるもので――」「これはこんな儀式に使われたもので――」と紹介していった。

番組が始まって数十分くらいに、異変が起きた。収録スタジオで出演者に指示を出してくれるディレクターさんが、突然、大きな声で「わっ！」と叫んだのだ。

それも、放送に乗っかってしまうほどの声量で。ふつう、放送中に大きな声を出すなんて、あってはならないことだ。

現場にいたみんなが、何事かと思ってディレクターさんに視線を向けた。

彼は、スタジオに指示を記して見せるスケッチブックに、さささっと殴り書きをし、僕らに向けた。

――猫の鳴き声聞こえてます。

（ひょっとして、うちの猫ちゃん⁉）

僕はすぐにそう思ったが、まだこの段階では、呪物として猫ちゃんを披露していなかったので、みんなは、「猫？」と不審そうな顔をする。

司会者さんも「スタジオにいるんじゃないの？　猫迷い込んでんだろう、おかしなこと言うなよ」と。でも、スタジオに動物がいるということじたい（動物番組ではないので）あり得ない。


放送がそのまま続行される中、今度は、奥のスタジオから別のプロデューサーさんが、納得できないとでもいう表情で、こちらのスタジオに入ってきてこう告げた。

「猫の鳴き声、こっちでも聞こえてます」

収録現場やスタッフ間でやりとりをするのに使う、インカム（イヤホンとマイクの通信機器）にだけ、猫の鳴き声が入るというのだ。

僕らスタジオ内の演者にはまったく聞こえていない。当然、「嘘《うそ》つけ〜」「何言ってんの」という話になる。そこで、やはり信じていないアシスタントの子も、インカムをつける形で、番組を続けた。

僕の呪物紹介の番だ。「ひょっとして猫の鳴き声はこの子が原因かも」と言いながら、猫ちゃんを披露する。

すると、魔術師さんが「それ！　今日私、写真でどんな呪物が出るかって先に見させてもらったんだけど、この猫の置物だけは本当にダメです、直視できません」と顔をこわばらせながら言う。

そんな会話をしているさなか、インカムをつけたアシスタントの子が、

「聞こえた！　猫の鳴き声聞こえました！」

驚愕《きょうがく》の声を上げ、「本当なんだ……」と怖がりだした。現場の空気はピリつき、騒然とした。

呪物の紹介が一通り終わったあと、魔術師さんが急に「わーっ」と声を上げた。

魔術師さんいわく、スタジオにたくさんの呪物があるから、関係者に呪物の呪いがいかないよう、魔除《まよ》けを仕掛けておいたのだ、と。

自分の座る椅子の周りにぐるっとハーブのような葉を囲むように並べて、そこに水

の入った3つの聖杯を置いていた。そのうち、なんと、呪物側に置かれている聖杯の水だけ、〝真っ黒〟になっていた。つまり――。

「プロテクトがひとつ、呪物に破られてますね。だから真っ黒になっているんですよ」

そんなことがあるのかと、別世界の出来事のように感心している間も「猫、聞こえた」「猫、聞こえた」とスタッフさんたちは緊張していた。

画面を通して猫の鳴き声を耳にした人まで……

そこで番組はCMに入った。このあと番組後半では、僕らが怪談をする予定になっていた。スタッフさんたちがスタジオになだれ込み、司会者さんにどうするか、急遽《きゅうきょ》、相談が始まった。

スタッフ　本当に聞こえたんです。

司会者　う～ん、オレら演者側には聞こえてないんだよな。
はやせ　これはほんまですかね、僕らが聞こえていないだけで……。
司会者　まぁ、みんなが聞こえた、聞こえたって言うんならさ、猫の置物にマイクくっつけてさぁ、みんなに聞かせてあげよう。
スタッフ　このあとの怪談の方は、中止ということに。
司会者　はやせくんたち、せっかく話を用意してもらったけど、こういう不測の事態でイレギュラー回だから今回はごめんね。
スタッフ　また出演していただくとき、お願いします。
はやせ　ぜんぜん大丈夫です。

深刻な空気でもあったので言わなかったけど、むしろ僕やもうひとりの呪物コレクターさんとしては、そっちのほうがぜんぜん〝楽しかった〟のだ。
CMが明け、司会者さんが、番組の放送中に猫の声が聞こえるおかしな現象があったことを説明する。だから後半の怪談コーナーは中止して、みんなで猫の声を聞いてみようと思う、と放送内容を変更する旨を伝えた。

猫ちゃんにマイクをくっつけたけど——猫は気まぐれというのか素直じゃないというのか、結局、鳴き声を発しなかった。さんざんスタッフさんたちには鳴き声を聞かせていたのに。残念だなぁということで、この日の番組は放送終了した。

スタジオを出て楽屋で着替えているときに、司会者さんがふいに「あぁ……」と声を漏らした。

司会者　いま、猫の鳴き声聞こえたよね？

はやせ　実際に？　耳で聞こえたってことですか？

司会者　そっちの方から聞こえたんだよ。

司会者さんが指で示した方を見たら——司会者さんからは死角にあったが、猫ちゃんが置かれていた。

スタッフ　聞こえましたか……。こういうこと「現実主義だし信じない」ってふだんからおっしゃってますが、実際、起きてますけどどうですか？
司会者　こういう現象もあるんだなっていうだけで、別に怖いわけじゃないんだけども……びっくりはしているよね。

僕は司会者さんの言葉を聞いてうなった。

（こんな作り話みたいな展開、ほんまにある⁉）

今日はもう、ぜんぶが猫、猫、猫。しかも、放送には乗らなかった最後の最後で、超リアリストでもある司会者さんが、猫の鳴き声という〝現象がある〟ことだけは認めざるを得なくなる展開。これは――痺《しび》れる！


帰宅後、僕は番組の感想をエゴサーチしてみた。僕は結局最後まで鳴き声が聞こえなかったけど（飼い主……いやちゃう、持ち主なのに！）、視聴者の中にはもしかして何か聞こえた人がいたのではないか、と。

案の定、画面を通して猫の鳴き声を耳にした人が何人もいた。

「何分何秒から猫の鳴き声聞こえてますよ」と具体的に書いている人までいた。

猫ちゃんが呪いを発動する理由

配信番組での出来事によって、はやせ家の猫ちゃんは呪物ファン（？）の間に、かなり強烈なインパクトを残すこととなったようだ。

だから、テレビ番組から企画の話をいただくときも、「はやせくんは出なくてもいいけど、例の猫の置物だけは持ってきてください」という依頼がきたりもする。ある意味、僕にとっても強力なライバルに成長している。

こうなると「実物を見たい」という猫ちゃんファンの方の声も多い。だから、僕が協力している呪物の展示イベント、いわゆる「呪物展」にも貸し出している。当然、猫ちゃんは大人気だ。

だが、忘れてはいけない。この子は、呪物。それも特級であることを。

「かわいい、かわいい」と、写真をたくさん撮っていた人たちから、**なぜか左耳だけ**

猫に引っかかれたみたいな傷ができて血が流れたという報告（あるいはそれに近いもの）が相次いだ。

猫ちゃんを直に見てから、腹痛を訴える人、吐きそうになる人もいた。このような話は、枚挙にいとまがない。

しかも、だ。我が家に迎えてから、僕には一度もおかしなことがなかったのだが――呪物展のあと、初めて〝呪いを食らって〟しまった。

呪物展から戻ってきた呪物たちを、我が家の定位置にすべて戻し、「みんなよく働いてくれたな、ありがとうな」と、線香を立ててねぎらった。それから一眠りしていると突然、耳に痛みが走って目が覚めたのだ。

指で耳に触れると、血がついていた。慌てて鏡で確認したところ〝猫のかみ跡〟みたいな傷があった、というわけ。

だから、これ、ほかの呪物のせいではなく、猫ちゃんのしわざだろう。

最近では、「都市伝説展～みんなのオカルト50年史～」にも展示してもらったのだが、警備員さんが深夜見回り中、鳴き声を聞いたそうだ。

「こんなところに猫なんているわけない」と恐れ、二度と近づかなくなったとか。

猫ちゃんがらみの攻撃的な話は、こういった展示以外ではほとんどない。

よほど人前に出されるのが嫌ってことなんだろうか。

猫とは本来、ひっそり隠れ、人前に出るのを嫌うイメージのある動物だからかもしれない。


でもさぁ、猫ちゃん……。

これはお仕事ですもの、しょうがないじゃない。がまんしてよ。

自呪神

4

〝赤ちゃんを使って呪いを解く〟一族

呪いを扱う一族——祓《はら》う側であれ、かける側であれ、そのようなことを先祖代々行っている人々がいる。呪うこと、祓うことを生業《なりわい》としている一族。そういう人々が、各地にいる。僕は漫画の話をしているのではない。

実在の一族の話をしようとしている。本当に、〝いる〟のだ。

心霊体験の聞き取りや呪物の引き取り、能力者やその関係者、いろんな人に会いに行く中で、そういう情報をこれまでよく耳にしてきた。

僕自身、これまで「本当にいるんだよ」と言われても、

（何言ってんねん、この人）

なんて、笑っちゃいそうになることだって何度もあった。

しかし、教えてもらったこと、紹介されたことを、さまざまなツテを頼りこの足で

この耳で調査してみると、だんだんと「マジであんねんな……」と、鳥肌もので納得させられる情報に触れてしまう。禁断の扉を少し開けて覗《のぞ》き見たという感覚か。じわじわと、「これは現実なのだ」と信じられる事例が積み重なっていく――もはや、そうなってくると、考えは自《おの》ずと改まる。

初めて聞く呪術の一族の情報を耳にするとき、まずは〝いる〟前提で受け入れはじめ、調べるようになった。それがインチキかどうかの僕なりの判定は、調査のあとに下せばいい。

これはまだ情報を収集している最中であり、取材の機会をうかがっている案件だが、ある地方に、こんな一族がいる――〝赤ちゃんを使って呪いを解く〟。

その一族は、何百年も前から代々、とある地域に、大きい一軒家を構えてその技術を受け継いできたという。そこを訪ねてくる人というのは、当然、一族に呪いを解いてもらうことが目的だ。つまり、なんらかの呪いを受けている人というわけだ。

呪いを解くためには、呪いを解いてもらいたい人の〝血筋にある赤ちゃん〟が必要なのだ。だから、自分の赤ちゃんや、自分の血筋を身ごもっている女性も一緒にやってくる。

これだけでも興味深くはないだろうか？

赤ちゃんだから、やっぱり無垢《むく》で穢《けが》れのない存在。赤ちゃんは聖なる存在、天使のようじゃないか。だからこそ呪いも打ち消せるのかな、赤ちゃんのそんなポテンシャルを一族は引き出すのかな。赤ちゃん、マジ最高――そんな考えは、都合のいい能天気な妄想だ。これは、〝呪術〟だ。

赤ちゃんは――呪いを弾くために必要なのではなく、呪われている人から、その呪いを〝移動させる〟ために必要で、一族はその能力を受け継いでいるのだ。

これを〝血移し〟と呼ぶ。

全国から寄せられる血移しの依頼

さらにここから先の話を知り、唖然《あぜん》とした。

血移しを行った赤ちゃんは、呪いを移されたのだから――〝一生不幸〟な人生を送ることになる。死ぬまでその呪いは解けないというのだ。

胎児であれば、生まれてから一生不幸、赤ちゃんは血移しのあとから一生不幸。

また、血筋の赤ちゃんであればいいというわけではなく、すでに名前がついている場合は血移しができない。それは、なぜか？

そもそも生後間もない赤ちゃんは、霊的にいうと体の中が空っぽの器のようなものだという。そして、呪いは大きいもの。これをぶち込むことができるのは、空っぽの赤ちゃんでなければならない。呪いを込める器にするのだ。

ところが、**名前をつけてしまうとその瞬間から、器ではなく〝人〟になる。**人としての霊的な中身がしっかり詰まってしまい、呪いをすべて収めることができなくなるのだ。

名前をつける前という条件にはもうひとつ理由がある。呪いを込めた赤ちゃんの名に、「十」の漢字、もしくは「博」「卓」など一部に「十」が使われている漢字を使う必要があるからだ。

「十」はこれ、すなわち〝×〟ということ。×はもともと封印を意味し、「この子の人生はダメ」だと、名前を見ただけでわかるようにしなければならないのだという。

四つ足で歩く獣のような……

この話を教えてくれたのは、名前に「十」をつけられた、川口さんという男性だ。川口さんは、養子に出され、その家を18歳で出る直前に、自分が生まれた意味を知ったそうだ。

その後、彼は学生時代に野球をやっていたこともあり、体格がよかったのでボクサーにスカウトされる。実家を出てからは、その土地を離れたせいだろうか、順調に生活ができていた。ボクサー仲間の先輩が、何かと面倒見がよく世話をしてくれ、趣味のキャンプなどを一緒にするようになった。

あるとき、その先輩の提案で、川口さんの実家近くにあるキャンプ場へ行くことに。

（あの場所に戻りたくないな……）

そう思うものの、〝呪いを扱う一族〟のことを説明するわけにもいかず、渋々向かうことになった――。

キャンプ場に着き、テントを張り、火をおこし、気心の知れた先輩とのたわいもない会話で笑い合っていると、「気にする必要もなかったな」と安堵《あんど》の気持ちが広がっていった。

しかし、夜も更け、テントの中で寝ていると――テントの外を獣のようなものが数体、グルグル這《は》い回っていることに気がついた。

野犬だろうか？　どう対処しようかと――耳をすませる。

――誰？　誰？　誰？

人間の言葉を話していた。

そのときなぜか、**この獣は自分を探しているんだ**とわかった。

川口さんは、家を出てから偽名を使っていた。それが理由で「十」の字が使われなくなり、〝呪い〟が自分の体から出ていってしまったんだ――その呪いが〝いま〟自分を探している！　と。

川口さんは、先輩に告げた。

「先輩……じつはオレ偽名だったんです。本名は〝逸生〟というんです」

〝生〟の字に、〝十〟が入っている。その名が本名なのだ。

テントのチャックがひとりでに開いた――。

入ってきたのは――獣ではなく、獣のように四つ足で歩く毛がない裸の男たちだった。

――見つけた！　見つけた！　見つけた！

そして、川口さんの背中に、その毛がない裸の3人の男たちが前足（手）から入っていった――！

はやせ　この獣のようなもの……先輩も見えていたんですか。
川口　テントの周りを這う気配に最初に気がついたのは、先輩だったんだよ。
はやせ　え？　じゃあ――背中に入っていったのも見ていた……。その後その先輩との付き合いは？
川口　背中に入っていくのも見てたよ。お互いショックでその後なんか気まずくなっちゃって。付き合いもなくなっちゃってさ。
はやせ　そうだったんですね――。
川口　そう。でも、もしかしたら、四つ足で歩く毛のない裸の男たちは、過去に呪いをかけられた人たちかもしれないと思ってさ。
はやせ　どうしてそう思われるのですか？

じつは、川口さんも毛が生えない病気だという。
その後、川口さんは、呪いからは逃げられないと悟り、実家に戻り暮らすようになった。現在川口さんは、70代。この話は約50年前のことだそうだ。

限界集落の奇妙な風習

——と、これではただの伝聞報告でしかない。

ここからは実際、呪いを扱う一族を訪ねて、奇妙な話を聞かせてもらい、得体の知れないものを見せてもらい、最後には後味の悪い体験をすることになった——ある体験を紹介させてほしい。それが、これから紹介する話だ。

2021年のことだ。福岡で働いている僕の小学生時代の同級生から、面白い情報をもらった。

彼の理穂さんという奥さんが、ちょっと変わった集落出身だというのだ。

メッセージのやりとりをしながら、何がどう変わった集落なのか聞いてみると、そこはほぼ「限界集落」という。つまり、地域の人口の半分以上が65歳以上の高齢者で、集落内の人口も過疎化、地域として機能しなくなりつつあるような場所だ。理穂さんの同級生も4、5人しかいないそんな田舎だという。

まぁ、限界集落の暮らしはドキュメンタリーで扱われたりするくらいには、たしかに興味深いかもしれないし、盛り上がるネタかもしれない。けれど、それだけなら〝変わっている〟というほどでもない。

たいした話にはならないかな、と思ったが――そう、変わっているポイントは、もちろんそこではなかった。理穂さんによれば、こういうことだ。

――集落では〝互いに呪い合う〟んです。

僕の直感が「これは首を突っ込んでしまうべき」とうずきだした。メッセージのやりとり続行。

はやせ　呪い合うとはどういうことでしょう。

理穂　集落に住む半分以上は、お爺《じい》ちゃん、お婆《ばあ》ちゃんばかりです。その人たち、いまだに、何かちょっと嫌なことがあったりしたら、「**どこどこの家のあの人を呪いたい**」**って、お願い事をするんです。**奇妙な風習というか。

はやせ　集落の神社とか寺とかにお参りする感じで？

理穂　寺ですね。集落に1軒あるお寺に、お参りするのではなく、お坊さんに願い出るようなんです。信じられないくらい変な話ですよね。

直接、呪いたいって言うんや……。これって要するに、呪いの依頼じゃないの？

僕はますます気になった。

理穂　もし興味があったら、そのお寺、行ってみてください。最寄りのバス停なんかからでも歩くとかなり遠いんですが、私の身内や知り合いは住んでいるので、迎えに行かせることもできます。

理穂さんに「ありがとうございます」と礼を伝え、その後、集落までの行き方を教わった。集落を訪ねる日も決めて——あとは、現地で何にぶち当たるか、だ。

よそよそしい集落の人々

東京の自宅から、電車で向かう。さらにバスを乗り継ぎ、乗り継ぎ、集落からも遠いとされる最寄りのバス停へ。そこから歩いて、歩いて、やはり集落にはまだ遠い酒屋さんに着いた。ここで、理穂さんの紹介で集落へ送ってくれるという、お爺さんと待ち合わせたのだ。

「あなたがはやせさんかい？」

酒屋さんの前に軽トラが止まると、降りてきたお爺さんは、まるで農作業途中のような、泥だらけの格好だった。

（ああ、畑仕事か田んぼ仕事、わざわざ抜けてきてくれたんかな？　悪いなぁ）

お爺さん　ささ、乗ってください。理穂ちゃんは元気？

はやせ　元気みたいですよ、お子さんもお腹《なか》の中にいるみたいで、今年には生まれるそうですよ。

お爺さん　そうなんだ、元気だったらいいけどね……やっぱりね、子供が少ない地域でしょう。自分の子みたいに一人ひとりかわいがる。僕からしても孫みたいにかわいがっていたから、どうしているかな～って気になっていたのよ、近況教えてくれてありがとうねぇ。

お爺さんは気さくに話してくれた、ここまでは。

続く言葉のトーンが少し下がり、僕の顔も見ず笑顔もなくボソリと聞いた。

「――でも、どうしてここまで来られたの？」

警戒しているのだ。それは当然かもしれない。だいたい、観光地でもない山奥の限界集落だ。外から訪ねてくる者なんか、かなりめずらしいのは容易に想像がつく。なにか邪《よこしま》な理由があるんじゃないかと疑われてもしかたがない。

それに、理穂さんからも「寺に行きたいから送ってあげてほしい」くらいの情報だけで、くわしいことは聞かされていないだろう。ここは、きちんと説明した方がよさそうだ。隠すことでもないし。

はやせ　理穂さんにこの集落の方たちが変わった風習というか、呪いをかけ合っているって話を聞いたので、本当かどうかお寺に取材しに来たんですよね。

お爺さん　あらそう……。まぁ、別にいいんだけどねぇ。きみがこの村に来ること、みんな知ってるし。だから、何か変な目で見られるかもしれないけど、それは変わった人が来たっていう目で見られているだけだから、気にしないでよぉ……。

僕の返事がマズかったのか、お爺さんはよそよそしく一気にしゃべると、そこから黙ってしまった。そして、軽トラは、家なんか1軒も視界には入らないような、集落のかなり手前で止まった。

お爺さん　ここから10分くらい歩いたら着くから降りて。1本道ですぐわかるから。

はやせ　え？

お爺さん　……僕がさぁ、きみを送り迎えしたって、思われたくないんだよねぇ。

軽トラから降ろされると、お爺さんはそのままスーッと道を集落の方へ走り去ってしまった。どうせ行く場所は同じだろう、そこまで連れていってくれてもいいじゃないと思いながら、一本道を歩いた。

（まあしょうがないか、気にさわることを言っちゃったかもだしなぁ）

そんなことを思いながら、15分くらい歩くと家がポツポツと見えてきた。ああ、ここかぁと思って集落に足を踏み入れると、某・笑ってコラえるような番組ふうに言えば、第一村人発見。そのお婆さんに声をかけられた。

「あんたかい、ここの村のことを知りたい人って……」

ドキッとした。僕が軽トラの中でお爺さんに話したことが、集落のお婆さんに知られているのだ。すると数人のお年寄りが集まってきて、口々に、

「ああ、この人かい」

と、品定めするようにじろじろと僕を見つめた。

推測でしかないけれど、あのお爺さんが言ったのだろう。僕がここに着く前に、集

落の人に伝えるために、あんなに遠くで降ろしたのかもしれない。それにしても情報伝達、速い。

「私らに聞かれても何も知らないからさ、奥行ったら一番でっかい家あるから。あそこで聞いて。お坊さんいるから」

まぁ、僕の一番の目的地も、その場所だ。そこからまた10分くらい歩いていく。通りでほとんど人の姿を見かけることはなかったけど、見かけた場合、例外なくじろじろ見られ、複数の場合は見られながらひそひそ話をされた。

事情はわかる。気にする必要はないだろう。

受け継がれる呪いの技術

進んでいった先の建物を見て、拍子抜けした。

そこは寺じゃなく、立派な日本家屋だったからだ。たしかに「一番でっかい家」だから、ここでまちがいないだろうけど。

（――家やん）

そう、心の中でツッコミを入れながら玄関を開け、「こんにちは」と声をかけると、剃髪《ていはつ》した住職が出てきた。彼は僕に上がるようにうながし、部屋に案内された。

住職　で。何を聞きたいの？　ちょっとくらいは聞いているけど。呪いとかそういう話のことでしょ。

はやせ　そうです、呪いの話を聞かせてもらっていいですか？

住職　早い話、うちでその呪いをやってるんだけどね。僕はね、血筋が台湾なんだよ、もともと。祖父の知り合いがこの集落にいてさ、その縁で越してきたんだよ。

はやせ　そのことと呪いはどう関係してくるんですか？

住職　気が早いねきみ、はやせくんっていったっけ。そのさ、祖父っていうのが、代々、台湾の呪《まじな》い師。そういう家系だったんだよね。

その昔、住職の祖父にあたる人が、呪い師であることを集落で話したところ、「それはすごいですね」といろんな人が頼ってくるようになったという。

そこで、お祓いやお祈りを求められ、請け負うことになっていった。そんなあるとき、祖父はこんなことを聞かれた——人を呪うこともできるんですか？

「それはもちろん」と、祖父がそう答えた。これがきっかけになったのだろうか、〝呪う〟依頼が増えてきたという。

また、この呪いの技術は、祖父から息子へ、息子から孫（つまり住職）へ受け継がれていった。彼の代になったときには、集落の人たちからの依頼も、呪いだけが残ってしまった。

はやせ　人を祝うよりも呪う方が、訴求力が強いということなんですかねぇ。

住職　そうなんだろうね。だから、集落の人は何かあると、「あの奥の田んぼに稲が実らないようにしてくれ」とか、「飲み水を腐らせてくれ」なんていう依頼をしてくるんだよ。

はやせ　それらをぜんぶ、ご住職がやる。集落の人同士で呪い合っている……。

住職　そう、一手に引き受けてさ。代々やってんのよ。

自分で作る呪いの神様

聞かなきゃわからない話とはいえ、聞いても信じがたいすごい話だ。集落の人たちは互いに呪って、よくも出ていかずに暮らせるものだ。いや、だからどんどん人が流出して、限界集落になっているのか。

それにしても、実際、どうやって呪っているのだろう。まぁ、そこまでは教えてもらえないだろうなぁ、なんて思っていたら、住職がこう言いだした。

「私らってさあ、呪いのためにちょっと変わった神様を信仰しているんだわ」

これって、呪いの話をもう少しくわしく教えてくれようとしている前振りでは？このチャンス、逃すな、つかめ。聞け！

はやせ　お寺なのに、仏様とかじゃないんですね。どんな神様なんですか？
住職　〝じじゅしん〟っていうんだよ。「自分」の「自」に「呪い」「神様」で、〝自呪神〟。自分で作って契約する呪いの神ってことね。ちょっと言いづらいけどね。自呪神って。

いやいや、言いづらいとかそれはどうでもよくて。

はやせ　自分で作るって……ご住職が作っているんですか、神様を!?
住職　そうそう。やり方があるんだよ。
はやせ　え、どんな!?

もはや、聞いたら教えてくれそうな流れだったので、遠慮なく質問した。
「——まずさ、お盆に虫の死骸をたくさん入れるんだよ」
自呪神の作り方を、教えてくれだしたので、「秘密じゃないんかい、こういうのって？」と、呆気《あっけ》に取られながら聞き入った。

住職によれば、主にカマキリなどの肉食昆虫や、バッタなんかの死骸をお盆にいっぱい入れたら、片方の手で、毎日、すり潰しつづけるという。

するとだんだんと、爪と肉の間から殺した虫の呪いが入ってくる。恨みのような〝黒いもの〟が5本の指からどんどん入ってくる。爪がどんどん伸びるのが早くなったり、爪のピンク色の部分が濁って黒くなったりしていく。

やがて、手が痺《しび》れだしてくるという。この痺れが、指から手首に上がって、ひじ、肩、首にきて最後は両方の〝眼球〟に到達する――。

これで、自呪神が目に宿ったということになるという。そして、宿った自呪神の力を使って、呪うのだ。

ただし、自呪神は自分で作った神様でしかなく、ずっと信仰されている神様ではない。このため、あまり〝強くない〟という。だから弱いものしか呪えず、効果も弱い。

たとえば、目がいい人の目が悪くなる、畑が育たない、飲み水が悪くなる、木が腐りやすくなる――など、そういうことしかできない。死に至らしめることができない。

死なすことでいえば例外的に、〝お腹の中にいる赤ん坊〟は可能。しかし生まれると、〝人〟になり強いからできなくなるのだという。

呪うときは目をつむって

はやせ　そこまで教えてもらえると、たとえばですけど、僕も同じことをすれば自呪神を使えるんですか？

住職　それは無理だよ、はやせくん。ざっくりと話したけど、**そんなので使えるようになるわけないじゃない。**

はやせ　まぁ、そりゃそうですよね。じゃあ、自呪神はやはり住職の一族のみの一子相伝のようなものなんですね。

住職　いや、僕の一族だけに限るものじゃないんだよ。

そう。住職の先祖から代々受け継いできたものだけど、だからといって一族だけに閉じられた呪術ではないらしい。だから、これまでには、集落の若い人の中には、住職に呪いを教わる、〝弟子のような人〟も何人かいたという。

しかし、そう簡単なものではなかった。

むしろ呪術の修行が厳しすぎるのか、〝血筋以外〟で使い手は生まれなかった。教わりに来た人たちの中では、誰も身につけられなかったのだ。

住職　惜しい人はいたんだよ。でも、その人はおかしくなってしまった……。

はやせ　おかしく……というのは、心が、ですか？

住職　そうなんだよ。自呪神にやられちゃってねぇ。

自呪神は目に宿る。

だから、誰かを呪うときには、目をつむらなければいけない。そうしないと、自呪神が目から術者の体の外に出てきて、術者自身が呪われてしまうのだ。

自呪神にやられた弟子というのは、住職に無断で呪術を発動させた。

このとき、〝目を開けたまま〟やっちゃったのだ。自分で作った自呪神の呪いを受けてしまい、気が触れてしまった。

その夜、自分がかわいがっていた弟弟子を素手で、手の骨が折れ、その骨が突き出して見えるくらいボコボコにタコ殴りにした。

当然警察に捕まり、結局、刑務所へ。そこでどうやったのか不明だが、頭に火をつけて焼死したという（住職いわく、嘘《うそ》か本当かわからないけど、話としてはそういうことになっているそうだよ、と）。

自呪神は、人に呪いをかける力は弱いものの、術者がミスをするとその跳ね返りの力はすさまじいのかもしれない。

はやせ　じゃあ、いま、自呪神の使い手はご住職だけなんですか？
住　職　いや、息子がいるんだよ。息子にも教えているし、だから使えるんだ。

集落の日常

では、集落の人たちから、住職は呪いの依頼を受けているわけだが、どれくらいの頻度なのだろう。

住職　月に数件ってところかなぁ。

はやせ　そんなに!?　人口も少ないこの集落で？

住職　集落の老人同士でね。中には、自分が呪った覚えはないんだけど「あれ、悪くなったけど、どこどこのあいつがオレのこと呪ったでしょ。呪っといてよね」って頼まれるんだよ。

はやせ　そんな、子供に家のお手伝いを頼む親みたいな気軽さなんですか！

住職　呪いと関係なしに起きた事故なんかの悪いことでも、呪いと勘違いして、呪い返しを依頼されるね。日常なんだよ。

はやせ　みなさん、それぐらい信じきっているってことなんですね……。

そして、関わりたくない人や信じない人は集落から出ていくのだろう。理穂さんも信じていなかったどころか、引き気味だったな。

住職　そんなことばかりやっているんだよ。僕も息子も。はやせくん、僕はね、車が好きなんだよ。

はやせ　はぁ、車が……。

住職　でもね。動画なんかで車を観《み》て楽しむくらいで、乗るわけじゃない。で、よく想像するんだ。この仕事をやっていなかったら、きっとポルシェなんか乗り回している人生だったかもって。

はやせ　そうはできなかった……。

住職　できなかった。何代か前からこういう、人を呪う仕事をしているからね。呪うってことは、呪われてるってことでもある。呪われているから、あんない車には乗れないんだろうなって思ったら、涙が出てくるよ。

そんな言葉を聞かされて、なんだかかわいそうだなと思えた。
住職はさらにこう続けた。「息子もそこのところは理解しているし、うちはそうやって生きていくんだよ、これからも」。
いままで、きっと集落の中で、息子さん以外の誰にも言えなかった本音なのかもしれない。

きみはもう、毒を飼っている

住職　ところで、はやせくんを見たときから、ひとこと言わなきゃいけないことがあったんだけど、いいかな？

はやせ　なんでしょう？

住職　僕は呪いを扱うでしょ、だからわかるんだけど、体の中に呪い……中国の左道《さとう》でいうところの〝蠱毒《こどく》〟という状態なんだけどね……きみはもう、毒を飼っているよねぇ。**すごく〝黒い〟よ。**

はやせ　どういうことですか？

住職　もしかしてだけど、よくないことたくさんやっちゃってる？　たとえばだけど、**心霊スポット**っていわれるところに行ったり、何か変なもの集めていたり……。もう〝黒く染まっている〟ようだよね。

いまではお馴染《なじ》みの、僕が言われ慣れている〝闇に染まっている〟やつだとすぐにわかる。でも、このころはそういう認識はなかった。

心霊スポットにはよく足を運んでいたし、呪物をいくつも持っていたので、ドキッとしながら、「いろいろ集めています」と言った。

住職　ああそうだろうね。きみはねぇ、体が蠱毒になっているよ。**もう体じたいが呪いになっちゃっているんだわ。**呪いがぐっと詰まっちゃっているから、祓った方がいいよ。

はやせ　祓わないとどうなるんです？

祓ってよくなるかよくならないか、この時点でわからなかったから、そう聞いた。自分としては健康体だし、日々の生活も充実している。なぜ祓う必要があるのかわからなかった。

僕の問いに対する住職の言葉は、意外だった。

「――そのままにしておくと、事故とか〝遭わない〟よ」

体に詰まっている蠱毒、呪いの力みたいなものは、僕が事故なんかで死んだら消えてしまう。消えたくないから、呪いが体を守り、事故へ向かわせないというのだ。

しかし、そのぶん、体から命を削っていくため、早死にするのだ、と。逆に、祓うと、これは普通の人と同じ。事故に遭う可能性も上がるけど、普通に生きられる。

住職　どっちを取る？

はやせ　あ〜、それなら祓わないでいいです。

住職　は!? なんで？ 祓った方がいいでしょう？

はやせ　いやいやいや。ぜんっぜん、いいです。

住職　ふ〜ん。まあ人生は自分で決めることだからいいんだけどね。

住職には言ってもしょうがないと思ったことだけど、そのままなら事故とかに遭わないのが本当だったら、これって、〝いい〟じゃない。

それに、呪いのこととか調べていたら、自分自身が呪いだったなんて、ちょっと映画みたいな話だ。

ええやん、これ面白いやん。早死にするって言われたけど——だが、それがいい——ってやつだ。

新たな呪いの依頼

一通り話を聞かせてもらい、収穫は十分だった。

はやせ　今日はありがとうございました。これで帰りますね。

住職　はやせくん、もうここには絶対に来ないでよね。

たしかに、他所《よそ》からの来訪者がほぼない田舎の集落だ。道を歩くだけで、住人たちにじろじろ見られていたから、やはり騒がしくしちゃったかもしれない。

それに世の中はコロナ禍の真っ只中でこの集落の人じゃなくても不安に苛《さいな》まれている時期だ。そこに、人口過密地域の東京から来たというのも、あまり歓迎されるものではなかったろう。

そう思って、「あ、すみません。コロナですしね」と言うと――。

住職　いや～、そういうことじゃなくってさ。きみは、集落のことを理穂ちゃんに教えてもらったんでしょ。

はやせ　あ～、そうです。教えてもらいました。

住職　あの子、生まれたころから知ってるんだよね。小学校中学校高校と上がっていく姿も見ている。集落を出るときも、僕、見送ったんだよ。すごくかわいいし、僕としては孫のように思っているんだけど……理穂ちゃんが紹介したって、もう集落のみんな知ってるから。

はやせ　知ってるから……まさか⁉

住職　もう、〝理穂ちゃんを呪ってくれ〟って依頼が、どんどん来ているんだわ。お腹に子供がいるんでしょ。きみ、車の中でそう言ってたんでしょ。

はやせ　――あ。

住職　そのお腹の中の子を呪い殺してくれって依頼がねぇ。僕としては、依頼があれば呪わなきゃいけない。だから呪わしてもらうんだけど、あの子の子供を呪い殺すの、僕もやだよぉ。二度と嫌だからさ、もう来ないでよね。

はやせ　――わかりました。今回かぎりにします。

こんな簡単に、今日あったことで依頼が――。それにしても、こんな速いの？　集落を出て東京に戻ると、理穂さんに紹介のお礼と取材の報告をした。もちろん、住職に言われた不気味なことも伝えた。

はやせ　すみません、そんなことがあって、祟《たた》られるとか言われて。

理穂　まだそんなこと言ってたんですか？　意味ないですよあんなの。そんなことできるんだったら、みんな死んじゃっているじゃないですか（笑）。

あの集落で育った理穂さんだが、まったく気にしていなかった。

呪いのかけ合いは、老人たちしか信じていないことなのか。僕はいくらか気が楽になった。


それから数か月後に連絡が来た。

理穂さんの〝お腹の子は死産した〟という。

生まれる前だったら、自呪神の力で殺すことはできる、とたしかに住職から聞いた。村の人たちの依頼で住職が呪いをかけたから亡くなったのか、たまたまのタイミングで亡くなったのか。

真相はどうしたってわからないけど、後味の悪さは、あれから数年過ぎた現在も、残っている。

「ありがとうございます」の恐怖

5

心霊より怖いのは生身の人間？

僕は子供のころから、〝怖い〟気持ちが、人より感じにくいところがある。怖い、はもちろんある。〝怖い〟は人に備わっている本能だ。恐怖を察知することは生きるために必要な能力。だから、完全に失われているわけじゃない。

ただ、あまりにも体験しすぎたから、麻痺《まひ》が進んでしまったのかもしれない。

その感覚がより強くなったのは、大人になってからだ。心霊や怪奇現象がきっかけではない。生身の人間だ。


以前、ミャンマーを訪れたときのこと。

同国出身の男性しか入れないという聖地があった。僕はそこを取材したかった。ミャンマーには中国系の人もけっこういた。

（これは中国人のフリしたら、いけるんじゃね？）

「ニーハオ」「シェイシェイ」と、そんなことを言いながら入っていった。

すると、背後から肩をガッとつかまれ、**振り返ると鼻先には、銃が突きつけられていた**。その瞬間、恐怖で涙が止まらなくなり、無意識に弱々しく両手を上げて、おしっこを漏らしてしまっていた。そして初めて自覚した――。

(ああ、僕は……生きたいんだ)


別のときだが、同じくミャンマーで、こんなこともあった。

現地の人が信仰している、目が飛び出ている仏像の写真を撮ったのだ。じつはそれが撮影禁止だと、わかってはいた。「**写真を撮ったら殺す**」とも言われていた。ただ、めずらしいものを記録したい好奇心が、取材をしたい欲求が、自制心を上回ってしまった。

仏像の罰だったのか、悪いことはできないもので、すぐにバレた。

「おまえの目を取る」

壁にドンと押し付けられ、僕は動きを奪われた。

そして本当に！　僕の目の縁に指をさし込もうとしてきたのだ――終わった！　し

かし、相手は過去に一度も人の眼球をくり抜いたことはなかったのだろう。それこそ過去に写真を撮った人もおらず対処に困ったのかもしれない。

僕の目の縁を指でくるくるなぞるだけ。結局「もういい」と、許されたこともあった。

そんな、条件がそろわないかぎり、日常生活では起こり得ないような、極端で極限な体験をしてしまうと、怖さこそあるけれど、あまりこれ以上のことは何も起きないよな……と感じられてくる。

心霊体験も数々あるけれど、霊に比べたら、やっぱり銃を突きつけられたり、目玉を取られそうになったりした方が怖いはずだし——と思えてくるのだ。

そんな僕でも、これから紹介する2022年の〝事件〟は、**その年一番ゾッとしたこともあり**、強烈な思い出になっている話だ。

ただし、このときの恐怖は、〝別の感情〟にすぐ置き換わったことも、先にお知らせしておこう。

不気味な祠を目指して

2022年初夏――僕は、東北地方のとある山を登っていた。〝とある〟と伏せるからには、もちろん趣味・娯楽として登っているわけではないことは、おわかりいただけるだろう。そう、調査のためだ。

登山道では階段は嫌われがち。その階段が何段にも連なることで有名な山であることは、事前に調べていたが……さすがにしんどい。息が乱れる。

この階段を一段一段、踏みしめることで、欲望や煩悩が消えていくという話もあるようだが、上るごとに「早く終われ」「ちょっと休みたい」「水飲もうかな」――湧き上がるのは消えていくはずの欲望ばかりだ。

やがて山頂に続く太い山道にさしかかると、左手に抜ける道が目に入った。

話に聞いていたとおりだった。道を進んでいくと、その先には〝鬼婆《おにばば》〟を思わせる石像が安置された、不気味な雰囲気の祠《ほこら》があった。スマホに保存してある写真と見比べ、同じ場所と断定した。

「ここや……」


なぜ、僕がわざわざ苦しい思いまでして山を登り、不気味な祠を目指していたのか？　それは、例によって相談者からＤＭが届いたことに始まる。

相手は、京都府在住の和泉《いずみ》さんという30代の女性。僕も名前を知るくらいの大手企業に勤めている。

和泉さんからのＤＭは、よくある怪談系の内容とは異なるものだった——普通じゃないのだ。だからこそ、だ。興味を強く抱いた。

前述のとおり、僕は、足を踏み入れたら銃を突きつけられる聖地、撮影したら目玉をくり抜かれそうになるミャンマーの仏像、そんな恐怖に飛び込むような人間だ。

好奇心が頭をもたげると、もうどうにも止められなくなってしまうのだ、見たい、知りたい衝動を！

僕が興味深く感じた、和泉さんからのＤＭの概要を、その異質さが伝わるように、少し長めに紹介しよう。

奇妙な御神籤

＊

和泉さんの勤め先は名の知れた企業で、とても忙しかった。とくにその年は、正月休みもなしで始まり、あっという間に数か月が経過。さすがにそろそろしっかり休みたいと、４月ごろにまとまった有給休暇を取った。

登山が趣味ということもあり、東北地方の登山者が多く訪れる人気の山を登ることにした。山頂を目指す途中、何か気になるものが目に留まった。奇妙な祠だった（僕が訪れた祠だ）。〝鬼婆〟の像があり、和泉さんは気持ちの悪さを感じたものの、惹《ひ》か

れるものがあったので、

（せっかくだから、手を合わせておこうかしら……）

中に入ってみたところ、御神籤《おみくじ》が目に留まった。忙しくて初詣にも行けていなかった和泉さんは、

（それならここで引いていこうかな。今年はどんな年になるんだろう……）

と、賽銭箱《さいせんばこ》に１００円を入れ、御神籤を引いた――同時に、戸惑った。

「大吉」などの運勢や、「仕事」「恋愛」「失せ物《う》」「転居」など、さまざまなことが綴《つづ》られている文字の上に、**大きく直筆の墨文字で〝ありがとうございます〟と書かれていた。**

そのせいで、本来、御神籤に何が書かれていたのかも読めない、わからない、気持ち悪い！　なんだこれは。見たくも触れたくもない。そう思うとすぐに、和泉さんは御神籤をぐしゃぐしゃにして捨ててしまったという。

せっかくの休みだ。こんな気分の悪いことに時間を費やすのはもったいない。つまらないことはすぐに忘れて、和泉さんは登山を再開し、そのあとはおかしなこともなく、無事に下山した。

この「奇妙な御神籤を引いたことが気になっているんです」というのが、僕への相談内容ではない。しかし、その後、和泉さんの身に起こる変事のトリガーだった可能性はある。

変事に和泉さんが気づいたのは、有給休暇も終え、再び職場に復帰してから数日もしないうちだった。

よそよそしくなった周囲の人々

――何かおかしいんです。みんな、よそよそしくて。

先輩も後輩も、自分にすごく気を使っているようにふるまう。

いままで、タメ口や軽口を言えるような間柄だった同僚が、「はい」「いいえ」「わかりました」「失礼しました」と敬語で返してくる。和泉さんを見ながら、こそこそと何かを話している。それが数週間続いた。

（忙しい時期に、私だけ有給を取ったのが悪かったの？　それならそうと、はっきり言ってほしい。でも、私だっていつもどおりに戻って、休んだ穴も埋めるつもりで働いている。なのに、こんなに長い間、変な態度を取ってくるのもおかしくない⁉）


和泉さんは思い悩んでしまい、地元の友人に電話をした。友人だから甘えられる。相談のような愚痴のような話を聞いてもらった。「ごめんね、急に電話して。ちょっと聞いてもらいたいことがあってさ……」と。

気心も知れた古い付き合い同士だ。和泉さんは安心して会社での変事を友人に伝えていく。そこに解決策など求めていなかったかもしれない。

ただ聞いてもらうだけで、気分は軽くなるもの――そう思っていたのに。

「どうしたの？　なんか、さっきから、よそよそしくない？」

友人の態度がだんだん変わってきたのだ。

他人行儀のような、さっきまで和泉さんが友人に話した、会社の同僚のよそよそしい態度、その態度がそのまま友人にも伝播《でんぱ》してしまったかのような。

和泉さんは激しい口調で思わず言ってしまった。

「ちょっと、私らってそんな仲なの？　さっきから他人相手みたいじゃない」

ところが友人も、怒った調子でこう返してきた――。

「あなたの方こそ、さっきから、よそよそしいよ！」

当然、和泉さんは理解不能。

「ねぇ、私がよそよそしいってどういうこと⁉」

すると、友人は、こう言った。

「あなたの話を聞いている間、ずっと、何度も何度も、〝ありがとうございます〟って。私、そんな感謝されるようなことしていないから！　気を使うじゃない。もうやめてよっ‼」

そして電話は相手からプツリと切られてしまった。

和泉さんは呆然《ぼうぜん》と電話を片手に持ったまま、混乱する頭で友人の直前までの言葉を反芻《はんすう》した。

ずっと、何度も何度も、〝ありがとうございます〟って——。

ずっと、何度も何度も、〝ありがとうございます〟って——。


（〝ありがとうございます〟!? 私、言ってない。言ってるはずがない。でも、最近どこかで〝ありがとうございます〟って記憶にあるんだけど……）

和泉さんは、すぐに思い至る。そう、東北地方の登山中に、気持ちの悪い祠で引いた御神籤に書かれていた、墨文字だ。

翌日、和泉さんは出社すると、すぐに後輩を捕まえて、確認した。

「ごめん、最近、私によそよそしいけど、何か理由ある？ 変なこと聞いているのはわかっている。でも、教えてほしいの！」

最初はかなり戸惑っていた後輩だったが、和泉さんの必死な態度に、ふざけているのではないと感じたのか、遠慮がちに、和泉さんから目をそらしながら、こんなことを言った——。

「気持ち悪かったんです、私。後輩だし、感謝されるようなことをしていないのに、いちいち〝ありがとうございます〟って言われるのが」

和泉さんは、不安を募らせた。

（やっぱり……やっぱりそうなんだ。〝ありがとうございます〟って聞こえているんだ。私、言ってないのに⁉）

＊

以上が、和泉さんの身に起きた、僕がこれまで聞いたことのない種の事件の顛末《てんまつ》だ。

和泉さんは、僕にたどり着く多くの相談者と同じように、心霊現象ともなんとも判断のつかない奇妙な体験を聞いてもらえる人をネットで調べて、連絡をくれたというわけだ。

「はやせさんになら、どうにかしてもらえるのではないかと思って――」

その返事は、こうだ――。こんな前代未聞の奇妙な案件に、僕が首を突っ込まないはずがない。

ただし、僕は霊能者でもない。お祓《はら》いができるわけでもない。「どうにかしてもらえるのではないかと思って――」と言われても、どうにかしてあげることはできない。

ただ、調査はできる。彼女が口にしていると言われたという〝ありがとうございます〟の原因を知りたい。原因がわかれば、解決の糸口を見出《みいだ》すこともできるかもしれない。

そうと決まれば、まずはきっかけとなった現場だ――というわけで、前置きがかなり長くなったが、和泉さんが有給休暇を取って登った山、気味の悪い祠を、僕は直接見にきたのだ。

1日に1万回感謝する人々

祠の中に入り、再び、和泉さんからDMで送ってもらっていた祠の写真をスマホで確認する。

（これが〝鬼婆の石像〟か……気持ち悪っ。お賽銭箱も話のとおりある。でも、御神籤はどこにもないなぁ）

すぐに現場の写真を撮影し、和泉さんにメッセージを送る。

はやせ お疲れ様です。いま例の祠を調べています。お知らせいただいていたとおり、たしかに〝鬼婆の石像〟も賽銭箱もありました。ただ、御神籤は見当たりません。

和泉 そんな。私のときは、ありました。

はやせ そうですか。では、なくなった御神籤のことを知っている人がいないか、聞いてみますね。

変だな……とは思いつつも、どうせ「ある・ない」の問答はしてもしょうがない。和泉さんが嘘《うそ》をついているようにも思えないので、彼女はたしかに見たし、引いたのだろう。

そして、いま僕の目の前にはない。ただそれだけ。過去にあったことは、いまここでは確認できないし。

山道を登り、これ以上何も情報を得られないと判断し、下山する。麓に着くと、広い坂になり、坂道沿いにはいくつかの店が並んでいた。

僕は店の人に聞いて回ることにした。和泉さんが本当に〝ありがとうございます〟と言っているのか、いまの時点では判断ができないけれど、話をわかりやすくするために、次のように質問をすることにした。

はやせ　山の祠で御神籤を引いた人が、〝ありがとうございます〟って言っちゃうようになったとか、ならなかったとかいう話があるんですけど……そんな噂《うわさ》、聞いたことありませんか？

店の人Ａ　知りません。

店の人Ｂ　いや～、聞いたことないね。

店の人Ｃ　祠はわかるけど、御神籤があったかどうかは……。

有力な情報は何も得られなかった。手がかりゼロだ。店の人に礼を言って、どうしようかと思いながら出ようとすると、呼び止められた。

店の人C　ああ、そうだ。そこの店主のお婆《ばあ》ちゃんなら何か知っているかもしれないよ。この辺のことにはくわしいから。あと、さくらんぼアイスが有名だよ。

僕はすぐに、教えられた店を訪ねた。さくらんぼアイスにも興味を惹《ひ》かれたが、それは後にして中を見ると、店でうどんをこねている年配の女性店主が目に留まった。

（あのお婆ちゃんか。しかも、うどんは、手ごね……本格的やんっ！）

そんなどうでもいいことを頭の中で突っ込んでから、せっかくなので、うどんを注文。食べながら、聞いてみた。

はやせ　お忙しいところすみません。じつは、御神籤に〝ありがとうございます〟って書いてあったそうで、それを見てから〝ありがとうございます〟って何度も何度も言っちゃうようになった人がいるんですけど、何か知りませんか？

店主　あ〜あ〜あ〜、それは白い服を着た人のことかねぇ。

はやせ　服装はわからないんですけど……。

店主　たぶん〝**一日万謝**〟じゃないかねぇ。

はやせ　！　その〝一日万謝〟ってなんですか!?

店主　〝1日に1万回感謝する〟って意味なんだけどね、そうすることで、徳を積むことができるっていう信仰だよ。この山に来る人で、白い服を着たそういうものを信仰している人が、何人かいるんだけど。それじゃないかねぇ。

はやせ　そんな信仰があるんですか。

店主　御神籤の話はわからないけど、もしかしたら〝一日万謝〟の人の誰かが、感謝の言葉を書いて、御神籤に入れたとかそんなことかもしれないねぇ。

驚いた。〝一日万謝〟か、面白いな。

こういう相談の調査には、僕はかなり時間をかける方だ。時には何か月もかかったり、かけたりする案件もある。だから、何かちょっとした情報でも得られればいいとは思っていたけど——いい話が聞けた。

〝一日万謝〟という、この先、調査するにも調べやすくなるキーワードが得られたのだ。ここまで大きな収穫があろうとは。

京都の住職に聞いた事例

東北の山を下りた僕は、次に京都に向かった。ちょうどこっちで取材や仕事があったのだ。そして、和泉さんの自宅はちょうど、京都にある。

まずは、報告がてら会えないだろうかと連絡を入れた。家の近くまでうかがいます、と。和泉さんから、そういうことならぜひ、と言われたのだが、なぜか約束をしたその日、急に連絡がつかなくなってしまった。

（まあええわ。こっちはこっちでやることあるしな）

当地でいくつかの寺や神社を回りながら、聞き込みもしよう。

「〝一日万謝〟って知ってますか？」

と覚えたばかりのキーワードを使って、話をすると、知っているという方から話を聞くことができた。

いわく、白装束を着て、大声で「ありがとうございます。ありがとうございます。ありがとうございます」と言いながら、町のその辺りをグルグルと回っている人々がいる、と。ただし、いつ回ってくるかはわからない。朝方のときもあれば、夕方に現れることもある。

その人たちを見てみたいと思い、回ってくる場所の付近にある喫茶店で、けっこう粘ってみたが、残念ながら見つけることはできなかった。

翌日は、仕事でお付き合いもある京都のあるお寺の住職に、〝一日万謝〟にまつわる話を、雑談がてら振ってみた。

はやせ　こちらは同じ京都ですし、そんな話聞いたことありませんか？

住職　聞いたどころか、うちの寺にも来ましたよ。たまたまですけど。

はやせ　どういうことですか？

住職　お母さんと小学生の娘さんの親子で。娘さんがあるとき、急に「ありがとうございます」と1日に何回も言うようになったそうで。取り憑かれているから、なんとかしてほしいと、こう言うんです。

はやせ　ああ。同じですね。

住職　娘さんは学校にも通っているけど、そこでは「ありがとうございます」を言えない。だから夜になって「ありがとうございます」を言いつづける。それだけでも回数が足りないから、唱えながら同時に紙にも書く。それで合わせて1日に1万回に達しようと。

はやせ　それで取り憑いたものをどうにか祓えないか、ってことですか。

住職　でも、〝一日万謝〟は祓うようなものではなくて、信仰に近いものですから、どうにもできません。結局、申し訳ないけど……って追い返してしまったんです。

（実際に、こういう話ってたくさんあるんや……）

京都で直《じか》に〝一日万謝〟があるのだとわかった僕は、やはり連絡が取れなくなった和泉さんと、直接会って話をしてみようと思った。

本人の様子も知っておく必要はあるだろう。ＤＭはそのまま返信されずスルーされてしまうだろうか――そんなことを考えながら、「やはり、調査の結果を報告がてら、お会いしたい」との旨を連絡しようとした。

その矢先、和泉さんの方からＤＭが届いた。

――最近、本当にひどいんです。早くどうにかしてほしい。ご相談させていただいたあのときよりも、〝話が進んでいる〟んです。

目が覚めると腰が痛い！

先日の謝罪もなく、一方的に和泉さんの言いたいことが書かれていた。だが、気になったので、いつものようにＤＭでチャットのように、やりとりを開始。

はやせ　話が進んでいる、というのは？

和泉　夜、寝ているときに、腰が痛くなったんです。なんだろ、この痛みは……と思って、目を開けたんですね。すると、天井の電灯じゃなくて、なぜか掛け布団が見えたんですよ。

はやせ　顔を覆うように掛け布団をかけていた、ということですか？

和泉　違います。土下座していたんです。

はやせ　？？

和泉　知らず知らずのうちに布団から出て、土下座していたんです。だから、腰が痛くなったし、掛け布団が目の前に見えたんです。

はやせ　寝たまま、土下座をしていたってことですか。

和泉　それがもう怖くて……。

土下座は、ある意味、究極の感謝や謝罪だ。

和泉さんは、「ありがとうございます」を全身で行っていたことになる。

これが事実なら、本人が怖いというのも納得だが——それを知らされた僕も、〝怖い〟を感じずにはいられない！　やはり、人間は怖い。でもだからこそ、〝知りたい気持ち〟が刺激された。

和泉　それだけじゃないんです。町を歩いているときも、前から歩いてきた人が私とすれ違いざまにふっと振り返って、怪訝《けげん》な表情でこっちを見ているんです。これって、〝ありがとうございます〟って私が言ったのかも、って……。でも、絶対、言ってない、言ってない。私、歩いているとき、口は閉じていますから。

〝ありがとうございます〟とは、絶対〝言ってない〟。本人はそう言うが、会社の同僚や友人は〝言っている〟との話だった。「言った・言わない」の問答はしてもしょうがない。過去のことは確認できない。

しかし、いまこの場合——僕は〝確認できる〟立場にある。

突然、電話をして、本当に彼女が〝ありがとうございます〟を言っているのか、この耳で聞いてみようと思ったのだ。

余談だが、僕は電話が苦手だ。テレビ番組の制作の仕事をしていたころ、電話で大きなミスを犯し、以来トラウマになってしまった。

だから、電話で話を聞くのではなく、現場に足を運び、直接話を聞く、というスタイルになった。それが現在の現場主義につながっているのだが――今回は、そうも言っていられない。知りたい気持ちが止められないのだ。

あり得ない話が出てきた

事前に和泉さんから電話番号は教えられていた。ただ、電話に出ないかもしれないし、出たとしてもしゃべらないかもしれない。すぐ切られるかもしれない――それは杞憂《きゆう》だった。それどころか、電話をかけたことにも驚かず、〝普通〟に話すのだ。京都なまりの口調で。

ところが、東北の山の祠に〝一日万謝〟の人々がたまに来ている話を伝えたとき、彼女から返ってきた言葉に虚を突かれた。

和泉　ああ、そうですか。あの祠、〝一日万謝〟の棟梁《とうりよう》が腹を切って亡くなっていますからね。私、調べたんですよ。

はやせ　え？　なんの話ですか？

和泉　ですから、あの辺りで〝一日万謝〟が流行《はや》っていて。ある夜、あの祠に入った棟梁が、朝から晩まで〝ありがとうございます〟と言いつづけて、1万回言ったんで、最終的に腹を切って亡くなったんですよ。

はやせ　い、和泉さん？

和泉　切る前にね、遺書のようなことだったんでしょうかね、その場にあった御神籤を手に取ってバッと開くと、〝ありがとうございます〟って書いて残したんですって。

おいおい、なんだその話は。最初にもらったDMにも書かれていなかった。僕は現地に行っている。腹を切ったほどの話が過去にあれば、事件として地元の人は知っているのが普通だろう。

仮に事実だったとしよう、だとしても地元の禁忌として口を閉ざしているような雰囲気もなかったし、そういう場合は、これまでの数々の取材の経験上、口を濁す空気がどうしても漂うのですぐにわかる。触れたくないことなら、うどんをこねていたお婆ちゃんが、あんなにおだやかに答えてくれるはずもない。

だとしたら、和泉さんの妄想だ。勝手に話を作り上げているんだ。なおも語りつづける和泉さんの言葉に、心の中でツッコミを入れつづけることしかできない。

和泉　御神籤を最期に遺書のように残しましたでしょ。腹を切る前の、念でもこもっていたような〝ありがとうございます〟を、私、見ちゃったわけです。

はやせ　（念ってあなた、それは想像ですよね）

和泉　だからなんでしょうね、棟梁の魂みたいな、思いみたいなものが、私に憑いてしまったんですよ。

はやせ　（妄想の人物にも……魂があるのか？）

和泉　棟梁の思いのようなものが、私に〝ありがとうございます〟って言わせているんだと思うんです。私は実際には言ってないんです。棟梁の声がみんなに聞こえているんです。私は本当に言ってないんです。

はやせ　（あなたは、棟梁の腹話術人形なんかい！）
もう、わけがわからない。ずっと話を聞いていると、こっちが混乱してくる。時計を見たら、22時を回っていた。もう通話時間は1時間以上になる。そのあたりからだ！　和泉さんの口調に違和感が出はじめた。

〝ありがとうございます〟

はやせ　ご自分でも調べたとおっしゃいましたが、その棟梁の話はどこのどなたに聞いたんですか？
和泉　え？　ひょっとしてはやせさんは、私が考えたことじゃないかと思われているんですか〝ありがとうございます〟。
はやせ　え？　え？
和泉　え？　ってなんですか、そう言いたいのは〝ありがとうございます〟私の方

　ですよ〝ありがとうございます〟。

言ってる、言っちゃってる――！　**和泉さんは、言葉の間に〝ありがとうございます〟を置いていくようにしゃべりだしたのだ。**

全体の口調は京都なまりなのに、〝ありがとうございます〟の部分だけなぜか標準語なのもグロテスクだ。

得体の知れなさにゾッとして、鳥肌が止まらない。

ただ、これはおかしすぎるやろ。

さすがに、これは指摘せずにはいられなかった。

はやせ　和泉さん、口にしてらっしゃいますよ、〝ありがとうございます〟って。

和泉　あなたが？　〝ありがとうございます〟

はやせ　いや、僕ではなく、あなたが。

和泉　はぁ！　私は本当に困って〝ありがとうございます〟いるんですよ〝ありがとうございます〟、あなたは真剣に〝ありがとうございます〟この悩みに

〝ありがとうございます〟向かい合ってくれるのかと〝ありがとうございます〟思っていました〝ありがとうございます〟。バカにして〝ありがとうございます〟いるんですか!!

和泉さんの言葉は、〝ありがとうございます〟を挟みながらも僕へのマシンガンのような罵詈雑言《ばりぞうごん》に変わっていった。

怒りながらの〝ありがとうございます〟。

時刻は深夜0時に迫っていた。この罵倒を2時間近くも聞かされつづけていることになる。人は、命の危険がない恐怖なら、麻痺するのだろうか。どうでもよくなるのだろうか。

彼女に対して抱いた〝怖い〟の感情は――。

(なんでこんな言われなあかんねん……なんでこんな叱られなあかんねん……なんでこんな長い時間、オレは聞いてんねん……)

感情は一度、オフになり――。

（あんたのために自腹で東北まで調査に行って、一度は会う約束もすっぽかされてその理由の説明もなし、嫌いな電話もしたってんのに……この状況。オレが悪かったこともあるのかもしれないけど、この人も悪いよなぁ）

オフになった感情は――。

（腹立つわぁ）

〝怒り〟に変わった。

そう感じたら、だんだん復讐《ふくしゅう》したくなってきた。どうすれば相手の腹を立たせられるか？　なんて言えば相手を傷つけられるか？　そんなことが頭の中を駆け巡った。この感情の移り変わりは、人に説明しにくいけれど、僕にとってはごく当たり前のことでもある。相方の岸本に言わせれば〝通常運転〟だ。

和泉　あなた、さっきから黙って〝ありがとうございます〟いるけど聞いて〝ありがとうございます〟いるの？　無視し〝ありがとうございます〟て……。

はやせ　今日は本当にお忙しい中、**〝ありがとうございますぅ〟！**

スマホの通話をスッと切る。

はぁ、恐怖も怒りも、ひとまずはすっきり。これで一件落着――とはいかない。いくわけがない。

このあと、和泉さんの罵詈雑言はＤＭに舞台を移したのだ。

「おまえみたいな血も涙もない人間は犬を飼うな」「子供を産むな、産んだらその子は邪悪に育つ」「結婚しているんだってな。すぐ別れるぞ」「おまえが植物を育てたらすぐ枯れるぞ」などなど。

さすがに、文章中には、〝ありがとうございます〟の単語は入ってないやん……と思えるくらいには、冷静になっていたし、なんかもう正直どうでもよくなっていた。

広がるありがとう信仰

それにしても、じつに忘れがたい相談案件だったが、この話はなんだったのだろう。

いくつかの推測といくつかのわかったこと、後日談を少しだけ。

和泉さんの事例をストレスなどが心に与えた影響……弱ってしまったことによる、心の病のようなものと常識的に解釈する人もいるだろう。でも、それで片付けてしまうのは、僕は違うかな、と思っている。

京都を回ったときにも知ったように、まったく同様の〝ありがとうございます〟事例がほかにもありすぎる。

では、和泉さん自らが語ったように、何かが取り憑いたのか？　それならやはりほかの同様の人たちは、どう考えればいいのか？

結局、わからないものはわからないんだけど、たとえば、〝ありがとうございます〟を1日に1万回唱えなければならないという、強迫観念（とまではいかないけど）、そんなマインドになっていた人もいるんじゃないだろうか。

また、この〝一日万謝〟については、その後も、いろいろな例があることがわかった。都市ボーイズのチャンネルの視聴者からも、感謝の言葉をひたすら綴るだけのブログをいくつか見つけた、などの報告が寄せられた。

また、〝万謝〟といっても、1万回という意味ではなく、「たくさん」の意味合いで、100回でも1000回でも自分が満足するだけ言えばいいという、「生活の中に感謝の言葉を馴染《なじ》ませましょう」という考えで行うものだという話もあった。

さらに、〝一日万謝〟は中国発という話もあり、中国では感謝の言葉を流しつづけるだけのチャットもあるという。


そして、和泉さんがどうなったか、だが——こちらからフェードアウト、スルーをしたものの、あまりに稀有《けう》な相談と体験になったので、YouTubeなどで話させてもらえませんか、と問い合わせた。

すると、やはり僕に怒っており、許さない、とのことだったが——話すことはかまわない、と。というのも、僕は許されていないけど、僕が話すことで、世の中に広がり、この相談案件の情報が集まるかもしれない、ということだった。

そのことで何かわかることがあるかもしれない、だから話してください、と。その代わり、何かわかったら情報を共有してください、と。

そこについては、あくまで彼女は客観的で冷静なのだ。

だから——僕はいまでも、新たにわかったことがあればＤＭで報告している。彼女の情報を使わせてもらった立場でもあるので、お返しとして当然のことだ。ＤＭを送信するとき、〝ありがとうございます〟と言いながら。

6 能力者を育てる寺

予言と100年周期説

じつは僕は、新型コロナウイルス感染症の流行を2015年くらいに予言していた。この疫病が発生する数年も前のことになる。


「何をまたまたご冗談を」

「後からいくらでも言える、証拠はあるのか?」

本書をお読みのみなさんから、そんな声が聞こえてきそうだ。

でも、これは冗談ではない。証拠もある——われわれ都市ボーイズは、いまのようにYouTubeを舞台にする以前は、Podcastで音声の配信を行っていた。2015年の配信で、僕は〝2019年くらいから疫病が流行《はや》る〟と話していたのだ。

その後、YouTubeに移行するころから、Podcastにあげていた音声は一時、非公開にしていた。僕もすっかり忘れていたのだけれど、新型コロナが話題になりはじめたあたりから、連絡がすごく来るようになったのだ。

「当たってますよ、はやせさん！」と。

当時の配信で聞いていたリスナーさんたちは驚いたろう。僕自身の驚きは、それ以上だったかもしれない。

ただし、種明かしすれば、**これは予言ではない。**かといってでたらめにしゃべったことがたまたま当たったわけでもない。公式（といっても遊びのようなもの）があるのだ。

こんな言葉を聞いたことはないだろうか――100年周期説。世の中で起きた歴史的な大きな出来事というのは、だいたい100年の周期で繰り返されるといわれる説だ。だから、「出来事の発生年＋100年」が、再び大きなことが起こるタイミング。これが公式だ。

当時僕は、リンカーンとケネディという2人のアメリカ大統領に100年差の共通項が数多くあるという都市伝説や、客船タイタニック号沈没事故から100年後に起きた客船コスタ・コンコルディア号座礁事故の話などを知り、「これは興味深いな、それなら未来もいけるんじゃないかな」と思ったのがきっかけ。

調べてみると、1720年ごろにペスト、1820年ごろにコレラ、1919年ごろにスペイン風邪が流行しているので、2019〜2020年に疫病がくるんじゃないかなと思い、言ったのだが、それがハマってしまった。

本当は、ただそれだけのことだ。

僕が会った〝本物〟の能力者

だから、これは超能力的な予言でもなんでもないし、未来予知の能力なんてない。

だからといって、僕が予言や能力を否定することはない。

本物としか思えない予言・予知能力に触れて、さんざん驚かされ、納得させられてきたからだ。

僕は（もちろん相方の岸本も）、いわゆる〝能力者〟を名乗る人には、とにかく会ってきている。テレビ番組の裏方として企画に携わったときに取材したり、出会った人がたまたま能力者だったりというように、なんの因果か導かれるように遭遇してきた。

出会い、話を聞いてきた能力者の人数は、正確なところはわからないけど、3ケタは超すだろうか。それほどたくさんの能力者が世の中にはいるということだ。

中には、自称能力者でインチキ、もしくは本人の思い込みなんて場合がある。いや、これがほとんどかもしれない。

しかし、〝本物〟と感じさせる人は、〝いる〟。総じて、本物の中の本物の能力者は、表立たない人が多い。秘密の存在として、〝潜んでいる〟こともあり、口コミや偶然でしかたどり着けないなんてことがほとんどだ。

たとえば僕の身近なところでは、母方の親戚がそうだ。地元、岡山県津山市の、ある地域で〝神様〟と呼ばれている90代のお婆《ばあ》ちゃん。

30代のころ、急に〝ハタロウ様〟という龍神の声が聞こえるようになり、能力が開いたという。

2017年ごろには、すでに「**岡山の町で、人はいるけどほとんど外に出ていなく**

て、**マスクをしている」様子**を〝見て〟おり、「たぶんすごい疫病が日本に蔓延《まんえん》するから、体調管理に気をつけろ」と、家族や訪ねてくる人に言っていたのだ。僕のコロナ予言の的中とは意味が違う。

また、このお婆ちゃんに、ある日、僕の母は「今日の15時にいいことがあるよ」と予言されたことがある。帰宅後、当時不仲だった父が「仕事の都合で1週間ほど帰れない」と連絡が〝15時〟にあった。母は「これだ、当たっている」とすごく喜んだそうだ。いや、この予言に関して僕としては「ほんまかー!」と言いたくなるものだが。

とある企業専属の超能力者には度肝を抜かれた。正直、これまで僕が会った中でも、レベチな能力者だ。

その人の存在は、一般に知られることはほとんどないし、企業の名前も出すことはできない。僕が会えたのもたまたま。とある取材の仕事で、そこの社長を訪ねたときだ。

その社長が「今日、来ているから会ってみる?」と紹介してくれたのだ。

その超能力者は盲目のかなり年配の女性。人の頭に手を置くことで、個人ではなく、〝場所〟がもつ過去・現在・未来が見えるというのだ。

だから、その企業で起こる少し先の未来もわかるので、「この事業をやるとどうなります？」と問えば、「それは大きくなっていますね」「そっちはもうやっていないですね」と事業展開の予測が行えるという。

〝場所を見る〟なんて聞いたことがなかっただけに、にわかには信じられない。だから僕を見てもらったらどうなのかと思い、質問してみる。

「あなたは見えない」

僕が能力者のみなさんによく言われる、安定のその言葉をここでも言われた。さらに、「変なものを集めているでしょう。気持ち悪いねぇ」と。よし、通常運転だ。しかし、さらに続けられた言葉に唖然《あぜん》とした——。

「あなたは見えないけど、あなたの記憶の中に見える女性……〝**奥様の頭の中を覗《のぞ》きますね**〟」

そこからは、まず、僕らが暮らしている家の様子、さらに誰にも言ったことのない奥さんの実家の様子、実家の家族の人間関係、ここでは書けないプライベートなことまでバッチリ当ててきた。さらに未来を見てのアドバイスまで——。

世の中にはまちがいなく、僕らが出会えていないだけで、このような〝本物〟の能力者はまだまだいるのだろう。

中には、自分の能力が〝本物〟だと気づいていない、むしろ自分の力を特殊な能力だと自覚できていない人もいるようで——。

1時間の遅刻をするも……

ゴールデンウィーク真《ま》っ只中《ただなか》。翌日には取材のために宮崎県入りを考えていた夕方のことだ。

——怪異を体験した話があるのです。聞きに来ていただけませんでしょうか。

宮崎県在住の黒木さんという女性から、ＤＭが届いた。

怪異体験の内容はざっくりとは書かれていたものの、怪異としてはそんなに強い話ではないかな、とは思った。

ただ、僕はよほど嘘《うそ》くさい話じゃないかぎり、なるべく会いに行けるときは会いに行くようにしている。会って話を聞いてみると、その話が化けるように、違う側面をもって迫ってくる場合もある。逆に、弱い内容を盛りまくった話なんてこともある。残念ながらそのパターンの方が多いのだけど。どちらに転ぶかは会って直接聞かないと見極められない。

しかも、今回の場合、ちょうどこれから行く場所だ。遠いのでしょっちゅう足を運べる県でもないし、結果面白かったらいいな、くらいの軽い気持ちでＯＫの返信をした。「明日から宮崎県で仕事があるんで、お話聞きに行きますよ」と。

当日。黒木さんのご自宅の最寄り駅近くの喫茶店で、17時に待ち合わせをすることになっていた。

日中、宮崎県内のあちこちを取材して回って、その喫茶店に向かった。

だが、さすがにゴールデンウィークだ。高速道路が渋滞してしまい、1時間くらい遅れるのは確実だった。

しかも、僕は車に乗ると、同行してくれた仲間に運転をまかせて、すぐに寝てしまうクセ（?）がある。まさかそんなに遅れそうとはつゆ知らず、黒木さんに遅れていることを17時過ぎてから連絡する始末。到着後は、まず謝った。

はやせ　お待たせして申し訳ない！
黒木　いいえ、大丈夫ですよ〜。

喫茶店で対面した黒木さんは、40代の普通の、おだやかそうな女性だった。主婦ということだ。

遅刻の連絡も待ち合わせ時間過ぎだったのに、黒木さんは僕の携帯に連絡してもこなかった。しかもこちらを責めもしない。いい人なのか、わりと時間には無頓着なのか――その両方かもしれない。

コーヒーを飲みながら、さっそく話を聞かせてもらうことにした。

黒木　私、学生時代はけっこうやんちゃくれで、いわゆるいい生徒ではなかったんですね。つるむ仲間も、品行方正とはいえない。当時の彼氏もそうでした。

はやせ　その彼氏さんは、よく心霊スポットに出かけていた、と。

黒木　宮崎の奥地だったんで、暇やら悪ノリやらで。行くところがそんなところくらいしかなかったんですよね。信じられないでしょうけど。

はやせ　いやいや。行くところのない奥地の環境はわかります、僕も実家が岡山の山の上でしたから。コンビニ行くのも1、2時間みたいな。心霊スポットに行くっていうのも……僕の場合はまあ河童《かっぱ》や天狗《てんぐ》を探していたくらいだけど。

心霊スポットでの体験

あるとき、黒木さんの彼氏は、心霊スポットにもなっている廃病院に出かけていった。そこでホルマリン漬けにされた何かの気持ち悪い写真を手に入れた。

これに味を占めたわけじゃないだろうが、彼氏はまた仲間と行くことにした。今度は「おまえも一緒に行こうぜ」と黒木さんも誘われ、男4人、女2人の計6人、2台の車で廃病院に向かった。

黒木さんは彼氏に言われたからついていったが、そういう場所が苦手だった。怖いからではない。いわゆる〝感じやすい〟タイプだったからだ。嫌だなぁと思っていると、現場で気持ち悪くなった。だから、ほかの5人が奥に入っていくのを見送って、廃病院の待合室で休んでいたという。

やがて待合室に、何事もなく5人が戻ってくると、「あまり面白くなかったな、帰るか」などと言いながら、それぞれの車に乗り込んだ。

ところが、1台の車のエンジンがかからない。彼氏の車は動くので、それなら男3人はそのまま残り、黒木さんともうひとりの女性を家に送って、また迎えに来る、という流れになった。

先にその女性を降ろし、彼氏の運転する車は黒木さんの自宅へ向かった。このとき、彼氏がぶつぶつと小声で何かをつぶやきつづけていた。

気になった黒木さんが「何を言ってるの？」と聞いても、「いやぁ……」と力なく返すだけ。

そのときだ。車が急に、壁に進路を阻まれたように、ピタッと動かなくなる。「え、何もないのに⁉」と、黒木さんが驚き車前方を意識したその瞬間――三体の人影のようなものが、フロントガラス下方から、ぐわわぁっ！　と上がって消えるのが見えたのだ。

黒木さんが、「私、いま、なんか見えた……」、そうつぶやくと、彼氏もまた、「俺さ、霊が見えるんだよ。だから面白いから心霊スポット行っててさ。いまの黒い影でしょ。霊だよ」と言った。

〝感じやすい〟黒木さんはこのとき、生まれて初めて霊を見たことを理解したという。

黒木　その後、彼氏の持っていたホルマリン漬けの写真はどこかに置いちゃってそのままになったみたいで。あと、廃病院に一緒に行ったうちの3人は、亡くなってしまったんですよね。

はやせ　廃病院で迎えを待っているときですか？
黒木　そのときじゃなくて、後日ですね。

そうか……そういう話か。一通り本人に聞いた直後の感想が、口をついて出てしまった。

「けっこうどこにでもある〝ド直球の怪談〟ですよね」

すぐに心の中で慌てた（これ、まずかったかも）。彼女としても、話を聞いてほしくてDMをくれたのに、そんなリアクションを返されたのだから……ところが、彼女は意外なことに、平然としていた。

それならまぁ、平気だったのかな。では、次は僕のターンだ。

人の来歴は何が飛び出すかわからない

怪談を収集されている方なら、こういう場合、ありきたりな話すぎるので〝ハズレ〟ということにでもなるのだろうか。

でも、僕にとって体験談を聞かせてもらうのは、じつはメインでもあるが、サブでもある。僕は、怪異体験の話だけでなく、その人自身の話を聞くのも好きだ。

18歳からいまの作家やユーチューバーになるまで、ずっとテレビの裏方とか、コンビニのバイトくらいしかやっていない。だから、いわゆる社会人のような普通の仕事に就いたことがないので、どんな仕事のことでも知りたいのだ。その向こう側には、その仕事をしている人しかわからないような情報があるもので、聞くだけでも楽しくなる。

その職業に就いた理由も絶対にあるだろうし、そうなると、その人の過去にまで関心が向く。要するに、〝人の来歴を知りたい〟。

ひとつとして同じものがない、なんでもない人生の歩みに惹《ひ》かれるのだ。だから、今回も質問してみた。

はやせ　黒木さんは、ちっちゃいころは、どんな子だったんですか？
黒木　私は……普通ですよ。何も変わったことなく、どこにでもいる女の子だったかな。ただ――生まれたときから〝私専用の仏像〟がありましたね。

はやせ　え⁉　ちょっと待ってください、それって、自分が信仰するためだけの仏像ということですか？

なんだ、そのわけのわからない話は。仏像というのは不特定多数が信仰するものであって、自分専用の自分自身しか信仰しない仏像なんて聞いたことがない。これだ。これだから、何が飛び出すかわからない！　高揚感が湧く‼

黒木　そうです。普通かもしれませんけど。

はやせ　いやいやいやいや、普通じゃないっすよ。自分だけの仏像なんてないですよ。

黒木　え、そっか。うちは、でもあるんですね。

はやせ　それ、やっぱりわけわからないです。すごく興味あるので、もしよかったら、くわしく聞かせてもらえませんか？

寺に集められる子供たち

黒木さんによれば、彼女が生まれたとき、お父さんが占い師を訪ねたそう。その占い師から、「この子には仏像が必要ですよ」と告げられ、買わされたのだ。

ところが、娘のために購入したはずの仏像なのに、両親……とくにお父さんが信心深くなり、毎日、毎日、冷たい水と熱いお茶をお供えするようになってしまった。どちらもお供えするのは、冷たいもの、熱いもの、どちらでも飲めるように、ということだった。

これが、黒木さんが40代になったいまでも続いているそうで、なんとお父さんは40年以上、家を空けて旅行をしたこともない。なぜなら、仏像に水とお茶をお供えできなくなるから。

はやせ　いや〜、変わってますね。驚きました。

黒木　やっぱり変わっているのかなぁ。あと、小学生のころ、私、お寺で修行のようなものをしているんです。それはめずらしくないですよね。
はやせ　どんな修行なんですか？　寺合宿みたいなことですかね。
黒木　なんて言えばいいんだろう。小学2、3年生くらいの夏休みに、家の近くにあったお寺のお坊さんから、S県にあるお寺に行きなさいって言われたんです。「**この子は修行させた方がいい**」って。

これもまた、変な話だった。

黒木さんは、なぜ、修行に行かないといけないのか、と両親に苦情を言った。そりゃ、嫌だろう。小学生にとって夏休みは楽しいものだし、遊びに行きたい。このとき、黒木さんの妹も一緒に修行に行くはずだったのだが、妹は「行きたくない」と言うと、なぜかすんなり認められた。

結局、黒木さんはひとり、7月の末から9月頭ごろまで1か月強、S県のとある寺に入ることになったのだ。

その寺は黒木さんの当時の記憶では、かなり大きかった。同じくらいの小学生が、全国から何十人も集められてともに暮らしたことからも、その規模は記憶違いではないといえるだろう。

Ｓ県奥地にあった寺に到着してすぐに、お菓子やゲームなどは、そこの住職にすべて取り上げられた。そして、朝はお寺の掃除から始まり、３度の食事の前後にお経を唱え、仏様の話を聞き、ときには険しい山を登りそこで滝行をした。

黒木　滝行なんて、本当に小学生にやらせるのかって、思っていましたね。参加していた……させられていたほかのみんなも、同じ気持ちだったでしょう。

はやせ　黒木さんのように九州から、だけじゃなく、全国から集められて？

黒木　ええ、やっぱり1か月もいましたから、どこから来たかとかお互い話しました。東京などの関東からも集められていました。

はやせ　よく、親のＤＶなんかで、駆け込み寺的に子供を預ける、とかありますよね。逆に子供が問題児で寺に預けるとかも……。失礼なこと聞きますが、そんなのではないんですよね。

黒木　まったく。「この子をどうにかしてください」とかそんなことでもなく。もし、身を清める必要があったとしても、近所のお寺で事足ります。

はやせ　ですよね。わざわざS県奥地まで、東京の子を送るとかも変ですね。

黒木　子供のための修行体験、みたいなものでも1か月は長すぎですよね。終わったころには、何も見ずにお経を唱えることもできるようになっていたんです。しかもあのとき一度きり――〝あれ〟ってなんだったんでしょう。

はやせ　いやいや。それはこちらが聞きたいですよ。

それにしても……聞けば聞くほど、わからない体験だ。全国から子供が集められて、小学生にそぐわない滝行なんかもある修行をして。

この変わった体験に想像を巡らせていても、それがいったいなんなのか、よくわからないだけだった。黒木さんが、次の言葉を継ぐまでは――。

「そうそう、私、お寺に行く少し前くらいから、勘がよかったんですが、〝さらに鋭く〟なったかもって感じたんです」

未来を当てすぎてしまう！

はやせ　ちょ……それってどういうことですか!?

黒木　う〜ん、たとえば、夢を見るじゃないですか。私が服をたくさん着替えさせられる夢とか。そのあとで、まぁ着替えられるほどじゃないけど、服をプレゼントされるとか。隣町に遊びに行く夢を見たら、友達から隣町に遊びに行こうよって誘われるとか。子供のころから、そういうのよくあったんだけど、**さらに当てすぎちゃうようになった**というか。

はやせ　それ――未来を予知しちゃっているじゃないですか。

黒木　そう……なんですかね。子供のころ、そういうことを言ったら、両親に「気持ち悪い」って言われて。友達にもいじめられて。

だから彼女は、誰にも相談できなかった。それで人前でこの話をするのを自身で禁じていたという。
自分は人とは違うんだ、これは〝脳の障害〟なのかもしれない、とまで言いだした。たとえば、「デジャヴュ」。初めて見たものを、前に見たことがあるものだと、感じる現象。原因の説のひとつとして脳機能障害があるという。黒木さんのは、これが行き過ぎたものではないか、と。

はやせ　でも、デジャヴュとも違わないですか？　正夢みたいな、未来を予知する話だって、世の中にはけっこうあるんですよ。僕、それだと思うので、悪いものじゃないと思いますよ。

黒木　じゃあなんなんですかね。

なんなのかと問われれば――〝能力〟じゃないだろうか。いや、確実にそうだ！　でも〝能力〟なんていうと、緊張してしまうかもしれない。余計、身をこわばらせてしまうかもしれない。だから――。

はやせ　それは、〝個性〟なんだと思いますよ。足が速い人がいる。生まれつき頭がいい人がいる。飲み込みが早い人がいる。それと同じです。
黒木　個性……。
はやせ　だから、たいして悩ましく思いつめない方がいいですよ。自分には際立つ個性があってラッキーだぐらいに思ってみたらどうですか？
黒木　そうですよね。そう考えるようにすると、気持ちも軽くなりますね。

安堵《あんど》した表情で黒木さんがうなずいたので、少しでも彼女の気持ちを軽くすることができたかな、と思えたら、僕もホッとした。人に発した言葉は自分にも返ってくるというのは、本当だな。

ところで、黒木さんは寺で修行してから、さらに勘が鋭くなったと言った。修行の結果、もともとの能力のレベルが上がったということか。

もしかすると、一緒に全国から集められた小学生たちもまた、そうした能力の素養がある子たち――〝能力者の卵〟だったのではないか。それは、考えられる。能力者を育てる寺だったのかも！
ん？　そういえば僕、黒木さんから連絡もらったのって、宮崎県に入る前日だったな。宮崎県入りはネットなどで発信していない。あれは――。

どんどん強くなる予知能力

はやせ　黒木さん、ちょっと確認なんですが。そもそも僕、宮崎に行くとは、どこにも発信していなかったんですよ。DMくれたのって、出発のぎりぎり前日ですよね。あれは……。

黒木　はやせさんが来るのがわかっていました。夢の中で、はやせさんが、私の知っている場所に立っていたので。

はやせ　それは〝怖い〟な。あ！　いや〝これは面白いぞ〟という意味の〝怖い〟です、僕のいまのは！

黒木　ふふふ、気にしなくていいですよ。

はやせ　それじゃあ、今日は17時待ち合わせだったのに、18時に着いたじゃないですか。連絡をしなかったのに、待っていてくれたのは――。

黒木　**遅れるのはもちろんわかっていました。**前日に夢で見ているんで。ただ、何時になるとかはわからなかったんですけど。

はやせ　それってどんな夢だったんですか?

黒木　私が自宅にいて、時計を見るんです。針は17時を指していました。だから、それまでは来ないんだなって。17時過ぎにはやせさんから電話もらって、「あ、やっぱり」みたいな。でも、自分が知りたいことを知ることができるわけじゃないんですよ。

黒木さんの〝夢〟でわかることは、1日24時間すべてというわけではない。断片を抜き出したような一場面。これを24時間の中から2、3個、素手でつかむような感じで見るのだそうだ。

それに、その場面について前後関係がわかるわけでもない。だから、自分なりの解釈が必要。時計を見て17時だったから、これをヒントに「遅れる」のだなと判断したように。

また、予知夢のようなものといっても、見るのは2日先くらいまで。夢で見た、出来事の一場面だけしかわからない。

黒木　ただ、やっぱりお寺の修行以来、次第に勘の鋭さが強まっているのは感じますね。

はやせ　いまも!?

黒木　なんというかわからないですけど、子供を出産して、大きくなってきて、いまが一番強いかもしれません。夢で見たことじゃないことでも……。

はやせ　夢以外でも先がわかる？

黒木　地震が来る直前、揺れで起きるってことあるじゃないですか。そうじゃなくて、地震の1時間前ぴったりに目が覚めるんです。起きて「なんでこんな時間に？　これって来るな……」って思ったら、１００％。だから九州で起きた大きな地震はわかっていましたね。

子供のころに能力があった人でも、大人になると消えてしまう人がいるというのも、これまで取材した中ではよく聞く話だった。でも、黒木さんはその逆。ずっと続いているし、いまがピーク（この先も強まるのかもしれないけれど）。

この能力について人に言うのはよくないと感じて、ずっと封印してきたそうだが、今回初めて話したそうだ。僕にとっては、貴重で稀有《けう》な話を聞かせてもらえて大満足だ。とてもありがたい。

「その〝個性〟、大切にしてくださいね」

取材の終わりにそう告げて、僕は黒木さんと別れた。

それにしても、だ。この日、黒木さんの話でもっとも気になったのは――能力者を育てる寺のこと。〝似たような話〟をまったく別ルートで聞いたことがあったのを思い出したのだ。

〝能力〟を消す、〝能力〟を伸ばす寺

「私は、お寺で〝能力〟を消しました」

世の中がコロナ禍のさなかだったから、2021年の冬とか、それくらいだったろう。当時、僕はYouTubeで、遠くの場所の様子を見通す能力、いわゆる〝千里眼〟をもつ霊能者の話をした。

動画配信後、和歌山県在住の山田さんという方からDMをいただいた。

「はやせさんのお話しされていたような能力ですが、ちいさいころ、僕にもあったんです」

くわしく話を聞きに行きたかったので返事はしたものの、場所が遠いだけに、何か仕事をからめられればと思った。

ちょうど、奥さんと2人で、高野山に泊まろう、高野山の寺にある「人魚のミイラ」を見に行こうという話になり、山田さんにも会うことにしたのだ。

彼は小学校低学年のころ、その〝千里眼〟の能力で、いろいろなことを当てた。たとえば、行ったことのない観光地なのに、〝入り口がこんな形で、右に曲がるところなっている〟というように、その場所の光景が頭に浮かんでくる。そしてすべて、その通りだったという。

両親は心配になる。「ちょっとこの子は怖いな……」と。病院で脳を診てもらったりもしたが、原因はわからない。

そんなとき、両親が人づてに「**M県に、そういう能力を診てくれるお寺がある**」という情報を入手して、山田さんは連れていかれたのだ。

その寺では〝能力〟に関して2種類のことができた。

ひとつは「能力を消す」カリキュラム、もうひとつは「能力を伸ばす」カリキュラムだ。

要するに、能力が自由自在には使えない。だから、消してしまいましょう、もしくは、コントロールできるようにしましょうということのようだ。包丁だって使い方を知らなければ危ないものだけど、たとえば切るときは「猫の手」にするなど、きちっと技術を覚えれば便利なものとわかる。それと同じだ。

山田さんの能力を怖がった両親が選んだのは、もちろん前者。

そこで、カリキュラムにより寺の場所は変わるようなのだが、能力を消す方の寺で〝お経を読んだり〟〝掃除をしたり〟〝仏様の話を聞いたり〟〝滝行（山田さんの場合は水につかったりする水行だった）〟をした。

寺の場所もわかっているので、僕は山田さんから話を聞いたあと、その寺を取材したいと思っているうちに、コロナ禍になり、現在まで行けずじまいだ（そのうち行く予定）。

ただ、どうだろう。山田さんはM県、黒木さんはS県と場所は異なるが、体験には共通項があることがわかるだろう。

能力者を預かる寺は複数存在する

「私もS県のお寺で同じような体験をしました。同じお寺かもしれません」

黒木さんの話をYouTubeで配信したあとに、30代半ばくらいの女性から、こんなDMが届いた。

二十数年前、お寺が運営する保育園に通っていたころ、熱を出したことがあった。その際、なぜか病院ではなく、S県のお寺に連れていかれたそうだ。しかも、なぜか親ではなく保育園の住職先生に送られたと。

その寺には、おそらく小学校低学年くらいの子供たちが何人かいて、滝行のようなことをしていた。それを彼女は、水に足をつけたりしながら見て過ごした。

すっかり元気になって帰るとき、この寺で「お婆ちゃん先生」と呼ばれる人が来た。そして彼女に、「何事もほどほどがいい。ほんのちょっとだけ飛び出るのもいいけど、過ぎたらダメ。この子は見えすぎる。生きづらいね、もう少しつむっておきなね」と言って、頭に手を置き、親指で額をなでると、眠たくなり――目を覚ますと保育園に戻ってきていたという。

たしかにこの話にも、黒木さんとの共通項が見られる。しかも、同じS県。

結論から言ってしまえば、黒木さんとは同じ寺ではなかった。

その女性自身は、この寺がどこかわからないとのことだったが、彼女の説明の中にヒントが散らばっていたので、僕自身で調べた結果、黒木さんが修行した寺とは違う場所だった。

「な～んだ、違うのか」とスルーできる話ではない。

そう、同じような寺が……能力者を預かり能力を増幅させる（もしくは消す）という寺が、そんな漫画や映画にありそうな寺が、実在するのだ。

それも、最低でもS県に2か所、M県に1か所。いや、その3か所だけじゃない。

どうやら子供たちを集めて訓練するような寺は、〝各地〟に、何か所かあることがわかってきた。

しかも、この手のことを行うのは、特別な新興宗教じゃないか、と思えるかもしれない。でも、僕が調べたところでは——極めて普通の、有名な宗派（それも1派だけじゃない）の寺なのだ。

能力者は実在するし、能力者の能力を伸ばす施設も存在する。

これだけでも、突拍子もないことだが、この話は、調べれば調べるほど、覗けば覗くほど深淵であり底は見えない。

施設の話などは、また新たな情報が入ってくることもあるだろう。

僕は、この不可思議な「能力者になんらかの修行をさせる寺」について、今後も引き続き取材、調査していくつもりだ。読者のみなさんも、もし何か心当たりがあったら、ご一報いただければ幸いだ。

エピローグ——人生が４コマ漫画なら……

手に入れれば何かが変わる？

「はやせさん、なんで呪物集めてんの？」

「なんで人から呪物なんか受け取るの？」

「呪物のせいで体調崩したり、悪いこと起こったりしないの？」


こんな質問を僕は頻繁にいただく。まるでみんな呪物に関心があるかのように——。

それが好奇心から聞くのか、嫌悪感から聞くのかはさておき。


それはそうだろう。いわくつきの、念のこもっている、気味の悪い、中には人の血のついている呪物もあるのだ。

それを好んで集めている。誰だって聞きたくなる、僕だって聞きたくなる。

呪物はもともと、〝いいネタになるかな〟ぐらいの気持ちが始まりだった。その話をしよう。

2017年、ミャンマー旅行でオールドバガンと呼ばれるエリアの古いホテルに泊まった帰りだ。チェックアウトの際、受付脇の民芸品コーナーで店主が「ちょっとこっちに来い」というように、手招きをしていた。

皿とか興味ないな……と思いながらも行ってみると、チーターの牙と苦しみの表情を浮かべたお面がついたネックレス——現地部族チン族の呪物だった。

何やら面白そうな話が聞けそうだと、通訳を介してそのネックレスについて聞いてみると、「チーターに噛《か》まれて苦しむ人間」を表現したものだという。ミャンマーにはチーターはいない。見たことない動物の牙というのはそれだけで恐怖であることから、呪力が増し、人を呪うことができるという。

向こうは話のネタくらいのつもりで見せてくれたのだろう、こっちもそれを面白土産話のつもりで聞いたはずだった。ところが、直感なのか衝動なのか——。

（これ、手に入れたら、僕は〝何かが絶対変わるはず〟だ。首から下げたい）
という衝動が湧いた。

売ってほしいと訴えたが、店主は「売り物ではない」という。

でも、もう僕の欲しいという気持ちは加速してしまった。突き動かされてしまった。止まらない。

我に返るまで無意識だったが――遠い国からミャンマーに来た大の大人が、両手をバタバタさせて、〝泣き叫び〟ながら「欲しい、欲しい」と駄々をこねていた。店主もかなり引いたのだろう、最後には「持ち帰っていいよ。これは今日からおまえのだ」と言ってもらえた。

手に入れれば何かが変わる。あのときそう思ったのは、実際自分が変わらなきゃと思っていたからなのかもしれない。そして、僕は自分を変えたかったし、本当に変わった。

呪物に呪われた、あるいは取り憑《つ》かれてしまったのかもしれない。魅せられたと言い換えてもいいだろう。

物欲のなかった僕だったのに、呪物だけは特別だった。だから、どんどん〝集める〟ようになったし、不思議なことに、どんどん〝集まる〟ようになっていったのだ。その呪物コレクションの記録はここから始まった。

いじめられていた僕に近い存在

数を集めていくうちに、なんといえば言葉としてしっくりくるだろう――執心というのか、いや愛着が湧いていった。やがて、〝感情移入する〟ようになった。ご存じの方もいるだろうけど、僕はあんまりいい学生時代を送っていない。学校で無視されることから始まり、いじめにもあっていた。

呪物たちを集める中で、ふと思い至った――呪物たちは、いじめられていた学生時代の僕に近いんじゃないか、と。

呪物は、自分の意思とはまったく関係ないところで、人間に勝手に作られる。でも、「こんな禍《わざわ》いに関係している」「呪いを引き寄せる」「怖い」といって、捨てられ、放り出される末路をたどってしまう。

それって、かわいそうすぎないか。この忌み嫌われている、無視されているこの子たちは、昔の僕と一緒じゃないかと思ったのだ。

呪物はいわくつきのことに関わり、不幸なことをしてしまった、それがために無視されている、怖いと言われている。

手元に来てくれた、そんな呪物たちを見ていて、僕は思う。

——もし、きみたちが4コマ漫画だったのなら、いまを〝起承転結〟の〝結〟だと思っていないか？　いやいや、そうじゃない、きみたちはまだ〝転〟やぞ。だから——〝結〟を僕がつけたるわ。最終的に、はやせの家で**〝はやせに愛してもらいました、チャンチャン〟**にしたるわ。

これが、いま僕と縁をもった呪物を集めている理由、かわいがっている理由だ。だから現在は、購入はほぼしていないし、呪物を手放したいという人からは、直接会いに行かないと、引き取りをしない。いただけません、ということにしている。

「これが怖いんです」と言っている人の思いや、そのストーリーを含めて、我が家に迎え入れるのだ。きちんと見届けるために。

もちろん、その中でもやはり、自分の中で線引きはある。なんでもかんでもというわけではない。「これは思い込みやろ」とか、「これは呪物のせいにしていないか?」というのは、行かないようにしている。

逆に、いわゆる怪異が起きていて、なおかつ、その人が不幸になっている。「**これを取り除けば、あなたは幸せになる可能性がありますか?**」の問いに対し、「**なります**」**ならば、僕はそこが北海道であろうが沖縄であろうが、行く。**

それに本当に呪いがこもっているとか、こもっていないとかは、じつはいっさい関係ないのだ。

僕が聞いて判断して、引き取ることで、僕は呪物を迎えられてうれしい、依頼主は呪物を手放せて幸せになる、それだけでいいのだ。

嫌な思い出ごと引き取る

この呪物の引き取りと同じく、本書をここまで読んできてくれたみなさんにはわかると思うけど――僕は怪異の話も同じくらい聞きに行っている。もちろん話を聞きに行く心持ちはまったく別ベクトルにある。

でも、経験した怪異を誰かに話す、誰かに聞いてもらうことによって、ちょっと安心したりとか、ほっとしたりするのは、普通にあることだ。

教会で懺悔《ざんげ》を神父に聞いてもらう、それと近い感覚だろうか。僕はもちろん神父じゃないけど、そういう話は聞きに行く。

呪物と同じことでいえば、〝怪異の話〟を引き取る、ということだ。

「私の身に起きた怖い話を聞いてください」と言われ、お会いした人から、こんなことを言われたことがある。

――あなたがこの話を動画などで話してくれたら、どこか私の話ではなくなるような気がするんです。

話を聞く、取材をするというのは、その方の嫌な思い出を引き取ることなのだと気がついた。

僕は、これからも続けようと思っている。呪物たちのためにも。話を聞かせてくれることで救いを得る人たちのためにも。

4コマ漫画だったら、僕の人生も、そしてあなたの人生もまた、起承転結の「結」に至る途中なのだ。

さあ、次のコマには、どんな怪異が待っているだろうか――。

そして、どんな〝闇〟が待っているだろうか――。

はやせ　やすひろ

［著者紹介］

はやせやすひろ

1988年生まれ。岡山県津山市出身。18歳で上京後、TV番組のADを経て、放送作家に。その後、同じく放送作家であった岸本誠と怪奇ユニット「都市ボーイズ」を結成。YouTubeチャンネル登録者数は31万人を超える。

2015、2017年CSファミリー劇場「緊急オーディション！ オカルトスター誕生」優勝。2017、2019年関西テレビ「稲川淳二の怪談グランプリ」優勝。呪物コレクターとしても著名で「祝祭の呪物展」は東京、大阪で2年連続開催。のべ1万人以上の人が来場する大人気展示会になっている。テレビ、雑誌の怪談、怪奇特集に多数出演している。

「都市ボーイズ」

YouTube チャンネル

https://www.youtube.com/@user-toshiboys

闇に染まりし、闇を祓う

２０２３年11月20日　初版発行
２０２３年12月10日　第２刷発行

著　者　はやせやすひろ

発行人　黒川精一
発行所　株式会社 サンマーク出版
〒１６９-００７４
東京都新宿区北新宿２-21-１
☎０３-５３４８-７８００
印刷・製本　中央精版印刷株式会社

ISBN978-4-7631-4093-7 C0095 ホームページ https://www.sunmark.co.jp